Em dic...

Shakespeare

Parramón

Projecte i realització
Parramón Ediciones, S.A.

Direcció editorial
Lluís Borràs

Ajudanta d'edició
Cristina Vilella

Text
Ferran Alexandri

Il·lustracions
Violeta Monreal

Traducció
Àtona. Centre d'edició, S.L.

Disseny gràfic i maquetació
Zink Comunicació S.L.

Direcció de producció
Rafael Marfil

Producció
Manel Sánchez

Primera edició: setembre 2005

Shakespeare
ISBN: 84-342-2820-3

Dipòsit Legal: B-34.815-2005

Imprès a Espanya

Ronda de Sant Pere, 5, 4ª planta
08010 Barcelona (Espanya)
Empresa del Grup Editorial Norma

www.parramon.com

Hola...

Sóc William Shakespeare i vaig néixer a Anglaterra al segle XVI. Tot i que d'això ja fa molt temps, a les escoles d'arreu del món encara em recorden com un dels millors dramaturgs de totes les èpoques. Amb les meves obres de teatre, de trames complexes i personatges inoblidables, vaig revolucionar el gènere dramàtic. Avui encara es representen arreu del planeta.

Estic segur que tots coneixeu el príncep Hamlet i la seva famosa frase «Ser o no ser», i els malaurats amors de Romeu i Julieta per causa de la rivalitat entre les dues famílies. Aquests són alguns dels personatges que vaig inventar per als meus drames, en els quals vaig ser capaç d'imaginar herois i protagonistes que van patir passions, lluites i ambicions com si fossin éssers gairebé reals.

Diuen que la meva vida està envoltada d'un gran misteri. El cert és que se'n sap ben poc, de mi, ja que no vaig deixar gaires pistes per a la posteritat. Fins i tot s'ha arribat a dir que la meva identitat és una incògnita i que jo no sóc l'autor de les meves obres.

Mai no m'han amoïnat massa aquests comentaris. Simplement són rumors i crec que el que importa no és tant com vaig viure sinó què vaig fer.

Però de primer m'agradaria revelar-vos alguns fets sobre la meva història i la cultura del meu país, Anglaterra. Si passeu pàgina i llegiu atentament, potser descobrireu una història fascinant.

Amsterdam 52 26 Haga

L'era isabelina

Vaig viure en una època que després ha estat designada amb el nom de món modern. A Anglaterra hi regnava Isabel I, filla d'Enric VIII i Anna Bolena, de la dinastia Tudor. El seu regnat va coincidir amb un període de gran prosperitat i conquestes. La cort era lloc de trobada de poetes, escriptors, músics i estudiosos. L'anomenada era isabelina, que va durar tot el seu regnat, des del 1558 fins al 1603, va ser un dels millors períodes de la literatura anglesa, des de la poesia d'Edmund Spenser fins a la prosa de Francis Bacon. Però la reina Isabel tenia una gran predilecció pel teatre, i us he de confessar que era una gran admiradora de les meves obres.

També va ser una època tumultuosa, plena de canvis radicals en la ciència, la religió i la cultura. Copèrnic arriscava la vida afirmant que la Terra no era el centre de l'univers; Galileu anunciava la seva regla daurada i naixia la ciència moderna. Les seves idees van ser essencials, ja que en defensar el sistema heliocèntric va descobrir que la Terra i la resta dels planetes giren a l'entorn del Sol.

La ruptura d'Anglaterra amb l'Església de Roma va ser un dels fets que van afavorir canvis en l'estructura social del meu país. La diferència amb altres països catòlics europeus és que a Anglaterra no hi havia clergat. La societat anglesa estava formada pel monarca, els nobles, els comerciants, els burgesos, els artesans i els camperols.

La geografia també es va transformar gràcies als coneixements adquirits a través de les exploracions i els descobriments de continents nous, i a les primeres traduccions d'obres de geografia i història de l'Antiguitat, com la dels savis grecs Ptolemeu i Estrabó. El descobriment d'Amèrica l'any 1492 havia marcat una fita important: la conquesta de mons nous i l'establiment d'imperis colonials. En aquells temps, sir Walter Raleigh, cavaller de la Reina, explorava les terres americanes a la recerca del Dorado, la llegendària ciutat de l'or.

Des del començament del segle XVI fins a la segona meitat del segle XVII, a Anglaterra vam viure una època anomenada Renaixement. Es va caracteritzar per les idees forjades pels humanistes a la Itàlia del segle XIV, que es fonamentaven en una visió humana del món. Va ser un període de desenvolupament de la civilització, de les arts i dels estudis. Per primera vegada des de l'Antiguitat, l'ésser humà tornava a sentir-se el centre de l'univers i reclamava una manera de viure feta a la seva mida.

El dibuix de Leonardo da Vinci, el gran humanista del Renaixement italià, que mostra el cos nu d'un home inserit en un cercle i un quadrat simbolitza clarament aquesta nova visió del món. És com voler dir que l'ésser humà ho abasta tot. Però, a més, fixava les proporcions naturals que havia de tenir l'home.

En el Renaixement es deia que l'home dominava la naturalesa. Aquesta idea va ser desenvolupada per Francis Bacon, un dels primers filòsofs anglesos que va tenir consciència del significat històric de les ciències i de com havien de transformar la vida humana. Per a Bacon, el coneixement ha de permetre a l'ésser humà dominar la naturalesa.

El moviment renaixentista atorga una rellevància especial tant a la figura del cortesà com a la cort, que esdevenen l'eix central de la monarquia. La noblesa perd poder a favor del rei, i és així com es debilita el sistema feudal de l'Edat Mitjana i es dóna pas a la creació dels estats moderns.

De la poesia al teatre

La poesia va ser el gènere que es va desenvolupar en primer lloc en la nostra cultura. S'escrivien obres en les quals es van rescatar les idees platòniques sobre el bé i la bellesa, concentrades en el tema amorós. Els autors que ens dedicàvem al teatre vam estar molt influenciats per la *Poètica* d'Aristòtil, del qual vam agafar l'estil elevat per a les tragèdies i l'estil baix per a les comèdies, com també les unitats de lloc, temps i acció.

El concepte de la naturalesa idealitzada exaltava el conjunt d'una nova sensibilitat. Sovint fèiem servir tòpics que trobàvem en la literatura clàssica: l'*ubi sunt* («on són?»), el *carpe diem* («aprofita el dia») o el *locus amoenus* («indret deliciós»). D'aquesta manera es va crear un enfocament més positiu de la concepció de la vida, gràcies a la visió humanista que va triomfar a Europa.

Diuen que l'any 1485 va començar una edat d'or de la literatura

anglesa, que va durar fins al 1660. Crec que la introducció de la impremta el 1476 hi va tenir a veure, ja que el nombre de lectors va augmentar. L'anomenat humanisme anglès es concentra en aquest moment.

Entre els representants d'aquest corrent destaca Thomas More i la seva famosa obra satírica, escrita en llatí, *Utopia* (1516), que tracta sobre una illa anomenada Utopia en la qual es practica l'ensenyament universal.

Però abans de l'apogeu del teatre, de primer va aparèixer la poesia, i cal destacar, sobretot, l'obra d'Edmund Spenser *La reina de les fades*, basada en les llegendes del rei Artur. Aquesta obra va portar a la literatura anglesa al nivell de la de l'Antiguitat grega i romana o al nivell de la literatura de la Itàlia del Renaixement.

A cavall entre els segles XVI i XVII van sorgir dues tendències poètiques noves. La primera va estar representada per John Donne, amb un estil molt elevat i complex, i la segona per l'escola de Ben Jonson. El darrer gran poeta del Renaixement anglès va ser John Milton, que a *El paradís perdut* (1667) va narrar les maquinacions de Satanàs que van conduir a la caiguda d'Adam i Eva.

En l'època isabelina els sonets van tenir molt èxit. Una cosa semblant va passar amb el teatre. M'agradava molt escriure poemes de gust renaixentista. De fet, pensava que serien els meus poemes els que em farien famós, però em vaig dedicar al teatre perquè em permetia guanyar-m'hi la vida. Els escriptors clau van ser Thomas Kyd i Christopher Marlowe. Vaig rebre una forta influència de l'obra *La tragèdia espanyola*, de Kyd, que també va inspirar la meva obra més coneguda: *Hamlet*. El *Faust* de Marlowe va obrir una etapa nova en el teatre, amb el domini del vers i la creació d'un prototipus d'heroi ple de força i de passió. Totes aquestes novetats van tenir una forta repercussió en els meus projectes futurs.

Una època d'or per a l'escena

Efectivament, els nous corrents humanistes em van obrir el camí cap al teatre. Jo escrivia drames amb un estil i un llenguatge rics i amb arguments complexos. A més, la meva comprensió particular de l'ésser humà va donar a l'obra el toc final. Les meves tragèdies van penetrar en les profunditats de l'ànima dels éssers humans. En canvi, en les comèdies mostro alhora l'encant i els aspectes ridículs de les persones. I les meves darreres obres també van ser reeixides perquè hi vaig crear una atmosfera misteriosa i exòtica, amb trames àgils i divertides.

Per tot això crec que puc dir que vaig superar la resta de dramaturgs isabelins i em vaig convertir en l'autor més important de la literatura anglesa, la qual cosa va dotar la meva obra d'una grandesa immortal.

Vaig tenir sort de viure en una època en què el teatre oferia la possibilitat única d'aplegar la tradició popular i la cultura del Renaixement, i tot això en un moment de grans esperances econòmiques i polítiques. Va ser un període d'esplendor econòmica per a Anglaterra gràcies a l'or i la plata capturats a Espanya pel corsari Drake i lliurats a la reina Isabel I.

Les representacions teatrals de l'època isabelina atreien gent de totes les condicions socials, que acudien als escenaris i pagaven una entrada. Un cop asseguts, cridaven, animaven i escridassaven els actors enmig de la funció. Penseu que el teatre de la meva època era ben diferent del d'ara, i que una obra acostumava a durar tres dies.

La ciutat de Londres passava per un moment de grans transformacions. D'una banda, hi havia una gran massa d'indigents i de delinqüents, pobresa i epidèmies, i de l'altra, es produïa una explosió cultural sense precedents.

Aquestes circumstàncies són innegables, i és ben cert que va ser una època brillant per al món de l'escena. El teatre popular va esdevenir el gran entreteniment de la gent, malgrat que els acadèmics el consideraven un subgènere vulgar, i els predicadors creien que aquesta mena d'espectacles eren corruptes i demoníacs.

La meva infància a Stratford-on-Avon

Però si he de ser l'heroi d'aquesta història, cal que us expliqui la meva vida des del començament. Vaig néixer el 23 d'abril del 1564 a Stratford-on-Avon, un poblet del comtat de Warvick, situat al centre d'Anglaterra, a la riba del riu Upper Avon. Vaig arribar al món en una casa de fusta d'estil tudor situada al carrer Henley, una de les avingudes amples i pintoresques que hi ha a Stratford.

El meu pare, que es deia John, era un guanter i comerciant de pells molt conegut al poble. Tenia un càrrec municipal, però la mala sort va fer que el perdés. Es va casar amb la meva mare, Mary Arden, filla d'un terratinent catòlic. Jo vaig ser el tercer de vuit germans i el primer fill baró del matrimoni.

Molt a prop de casa, al carrer Chapel, s'alçava l'església Holy Trinity, construïda al segle XII. Els meus pares m'hi duien sovint de petit, ja que era la manera de formar-se abans d'anar a l'escola primària. Així que no tan sols escoltàvem els sermons del predicador, sinó també apreníem passatges de la Bíblia.

Avui Stratford rep moltes visites ja que, gràcies a la meva fama, el turisme hi acudeix en massa per veure la casa on vaig néixer i viure durant un temps. A la riba del riu hi trobareu el Centre Shakespeare, que acull una biblioteca i una galeria d'art.

A més, cada any, si us ve de gust, podeu assistir als festivals de teatre que s'organitzen al Royal Shakespeare Theatre, en el qual es representen les meves obres des del 1769.

A l'escola de gramàtica

De petit vaig anar a l'escola de gramàtica d'Stratford, la Grammar School. Allà vaig aprendre el llatí, ja que llavors *grammar* volia dir "gramàtica llatina". El nostre professor, que era molt sever però sentia una gran passió per les lletres, ens va donar a conèixer les grans obres que van escriure els antics clàssics del món grecoromà.

A l'escola llegíem Ovidi, l'il·lustre poeta llatí de l'època de l'emperador August. Aquest autor va escriure les *Metamorfosis*, un llarg poema que recull històries i llegendes diverses, com ara la creació de l'univers. Moltes de les històries mostren la relació entre els mortals i els déus. Però allò que més m'agradava d'Ovidi era la manera especial que tenia de tractar l'amor, en el seu intent d'explorar les diferents emocions humanes, que tant m'interessarien després per a les meves obres.

També vam llegir les obres de Sèneca, el cèlebre escriptor i filòsof llatí, que va ser tutor de Neró. Les seves tragèdies van tenir tanta influència que van constituir el fonament del teatre anglès de la meva època, pel seu estil retòric i florit, però també pel fatalisme dels personatges i pel temes que hi abordava: l'assassinat, l'horror i la venjança. Per exemple, Sèneca va servir de model per a una tragèdia popular de sang i venjança que Thomas Kyd va escriure el 1586, *La tragèdia espanyola*.

De seguida em vaig sentir atret per la literatura del món antic. M'encantava llegir les històries de les batalles d'Alexandre el Gran, de Juli Cèsar o de la mitologia, i aviat vaig voler utilitzar-les com a exemple i començar a escriure històries tan fascinants com aquelles.

Els primers oficis, casament i trasllat a Londres

Com a hereu estava destinat a succeir el pare en els negocis, però la meva vocació em portava per altres viaranys. A més, quan tenia catorze anys vaig haver de deixar l'escola per posar-me a treballar, ja que el pare passava per un moment econòmic difícil. Així que ja de jovenet vaig haver d'exercir uns quants oficis. De primer vaig treballar com a aprenent de carnisser, i més endavant em vaig fer mestre d'escola. Encara que eren ocupacions temporals i que al començament hi dedicava moltes hores, vaig trobar temps per escriure.

A finals de novembre del 1582, quan tenia divuit anys, em vaig casar amb Anne Hathaway, la bonica filla d'un pròsper granger que vivia a Shottery, en una granja. Tot i que Anne tenia vuit anys més que jo, ens aveníem molt i al cap de poc temps va néixer la nostra primera filla: Susanna. Tres anys més tard van néixer els bessons Judith i Hammet. Érem molt feliços, i durant set anys vam portar una vida plàcida a la nostra casa d'Stratford. En aquell període em vaig dedicar a llegir i estudiar amb gran delit. També vaig fer projectes per a la professió que volia exercir. Van ser uns anys de maduració personal i intel·lectual.

En aquells temps, de tant en tant els teatres locals d'Stratford finançaven presentacions d'aficionats durant la Pentecosta. I en una presentació d'aquestes vaig actuar per primer cop. Sovint també anava a la propera ciutat de Coventry per assistir als cicles de teatre medieval de misteris a càrrec dels gremis i oficis. De vegades, aquestes companyies arribaven fins i tot a Stratford i representaven les seves comèdies.

El desembre de l'any 1586 van coincidir a Stratford cinc companyies, una de les quals necessitava un actor, perquè l'anterior havia mort en una cantina. No m'ho vaig pensar dues vegades i em vaig presentar com a actor novell. Va ser el meu primer contacte amb els escenaris.

El 1587 vaig deixar el meu poble natal i la família i vaig traslladar-me a Londres. El motiu era que em van sorprendre caçant il·legalment a les propietats de sir Thomas Lucy, el jutge de pau d'Stratford. Tanmateix, aquesta era l'oportunitat que esperava, ja que volia veure món, i llavors Londres era el món. A més, volia escriure i tenir el meu propi teatre. Era lògic que per tal d'aconseguir-ho hagués de començar des de zero. Per tant, després d'exercir uns quants oficis vaig fer d'actor, ja que la meva afició a pujar als escenaris era molt gran i, a més, tenia estil i una mica d'experiència. He de reconèixer que ho feia prou bé. Em sentia com un comediant que diverteix el públic. En definitiva, el teatre era la meva vida.

Aquestes qualitats innates aviat van despertar l'odi o l'enveja del dramaturg Robert Greene, que va escriure un fulletó gens amable.

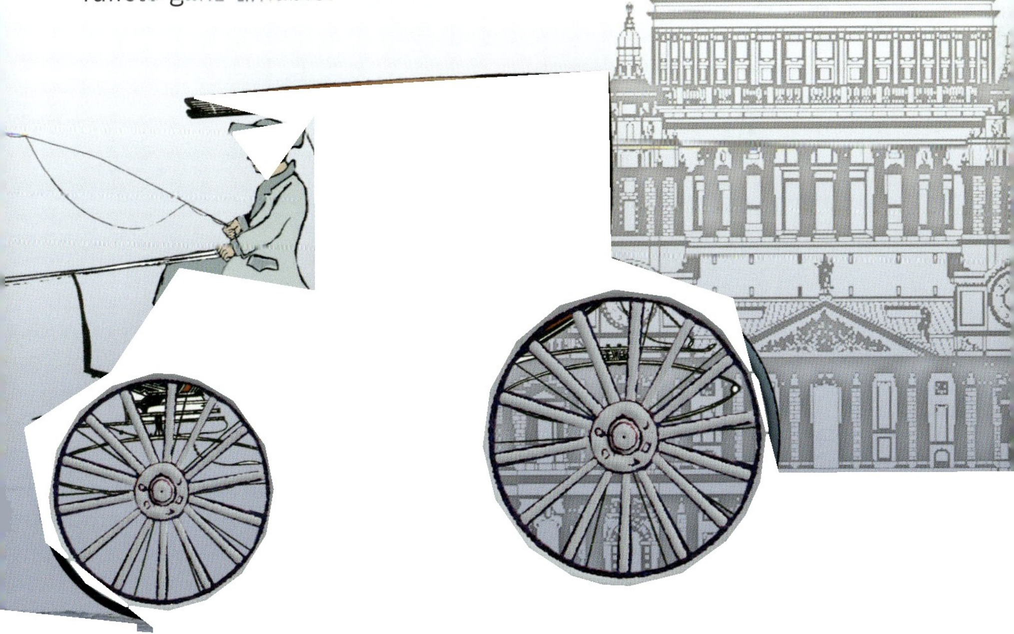

Aquest fulletó deia: «Desconfieu d'aquest foraster que amb un cor de tigre ocult sota la pell d'actor se sent superior, però els seus versos són pretensiosos.» I va afegir, en to burleta: «Es considera l'únic que pot "sacsejar" (*shake-spear*) el públic.»

Però aquest envejós de Greene, sense adonar-se'n, en riure's del meu cognom (*shake-spear / Shakespeare*), va aconseguir que la posteritat hi afegís una "e" quan jo sempre signava *Shakspear*, la qual cosa, en el meu idioma, reforçava el sentit de "sacseja" (*shake*) amb el de llança (*spear*). Coses del destí.

La guerra d'Espanya amb Inglaterra

Al llarg d'aquells anys es van produir esdeveniments greus a Anglaterra. El 1587 Maria Estuard, reina d'Escòcia, va ser decapitada. Aquesta sobirana, de confessió catòlica, era la cosina de la nostra reina Isabel. Els monarques catòlics d'Europa consideraven que Isabel no havia de governar el tron d'Anglaterra perquè creien que Maria era la legítima reina. Així que Isabel va fer empresonar Maria immediatament i la va mantenir en captivitat durant anys, tot provocant un munt d'intrigues entre els catòlics anglesos que volien alliberar-la. Però el 1586 el secretari d'Estat de la reina va descobrir una conspiració per assassinar Isabel i entronitzar Maria al seu lloc. Cal dir que Isabel es va veure obligada, tot i que a contracor, a ordenar l'execució de Maria Estuard.

Aquesta execució va tenir conseqüències greus, ja que a Felip II d'Espanya, que era un catòlic convençut, la mort de Maria Estuard li va proporcionar un motiu nou per continuar la guerra amb Anglaterra. Aquest conflicte havia començat el 1585, amb motiu dels atacs de pirates anglesos a les possessions colonials d'Espanya. I lavors, el 1588 Felip II va enviar una flota per envair les illes Britàniques, la famosa Armada Invencible. Però el que ningú no s'esperava era la gran derrota que va sofrir. I així va ser com Anglaterra va passar a ocupar el lloc d'Espanya com a primera potència marítima.

En fi... deixem els monarques amb les seves guerres i tornem a la nostra història, que se situava a Londres.

El barri dels teatres de Londres

La darrera dècada del segle XVI va ser l'època daurada del teatre isabelí. Com que el teatre era una activitat lucrativa van començar a sorgir sales a Bankside, el barri que concentrava el nombre més gran d'aquests locals, que es barallaven pel talent dels dramaturgs més famosos. A Londres hi havia dues companyies rivals: The Rose, de Philip Henslowe, i The Curtain, de Richard Burbage. Totes dues competien per un mateix públic i oferien obres emocionants representades per grans intèrprets. En aquell temps em vaig convertir en un actor novell d'una altra companyia important de la ciutat, Els Servents del Lord Camarlenc.

Londres era una ciutat plena de talents que canviarien la manera de fer teatre. Els autors sovint procedien de famílies acomodades o de comerciants, que havien anat a l'escola, tenien una formació sòlida i acostumaven a conèixer el món clàssic. Des del 1590 un grup de dramaturgs, els University Wits, format per Christopher Marlowe, Robert Greene, Thomas Kyd i George Peele, estrenaven comèdies i drames molt divertits que tenien com a protagonista un heroi moral. Una de les seves especialitats eren les escenes de mort, sanguinolentes i espectaculars.

A Londres, Richard Burbage i jo vam arribar a ser bons amics. També era d'Stratford-on-Avon, fill de l'actor James Burbage, que el 1576 va construir el primer edifici teatral permanent d'Anglaterra, The Theatre, i va fundar el Blackfriars Theatre el 1596.

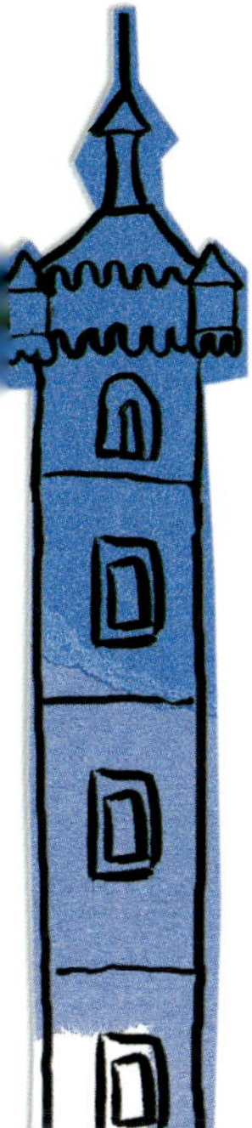

Aquest home no gaire alt i gros era un gran professional i destacava en els papers tràgics, com Ricard III o el rei Lear, que jo vaig escriure després expressament per a ell. Burbage havia nascut per al món del teatre, estimava els escenaris i va ser, no en dubteu, el millor actor del moment.

Jo em delia per destacar en aquest ambient, i a més volia satisfer el públic amb una gran obra. Volia que fos un text que tractés sobre l'amor, una història romàntica amb tocs de comèdia, però que després esdevingués una tragèdia desfermada. Em voltava pel cap el que seria l'obra que inspiraria generacions d'amants al llarg dels segles següents: *Romeu i Julieta*. Però encara no sabia com començar-la!

Escenaris, actors, funcions

Els teatres anglesos acostumaven a tenir un escenari situat al fons d'un pati, format per un edifici amb dos pisos sostinguts per dues columnes, envoltat d'un semicercle força tancat que constituïa les grades del públic. Els espectadors se situaven d'acord amb la classe social a la qual pertanyien: a les grades dels pisos superiors estaven les dames i els nobles; la resta es col·locava en nivells inferiors. Al pati, els més pobres havien de contemplar l'obra a peu dret.

Aquests teatres estaven situats als afores de la ciutat, perquè es considerava que s'hi feien activitats mal vistes per la societat benpensant.

En el meu temps les representacions teatrals donaven molta importància a l'autor, les companyies, els actors i l'*atrezzo*. Atès que en les posades en escena gairebé no hi havia decorats, l'ambientació es basava en l'*atrezzo*, sobretot el vestuari, que era molt sumptuós.

La meva contribució respecte d'aquests elements va seguir l'ordre següent: autor, actor, dramaturg i empresari.

L'actor no tenia gairebé cap consideració social, ja que estava considerat una persona de mala vida. A més, no hi havia actrius, ja que les dones en aquella època tenien prohibit exercir aquesta professió i se les titllava de depravades si pujaven dalt un escenari. Així que els papers femenins sempre eren interpretats per homes disfressats. L'autor era més respectat, i sovint gaudia dels favors de la noblesa i la monarquia.

Els pallassos o actors còmics eren habituals en el teatre. Les seves bromes i burles divertides servien de contrapès al llenguatge culte i heroic de la resta de personatges. Jo vaig contractar sempre William Kempe, ja que era el més famós d'aquests humoristes pels seus acudits, cançons pujades de to i balls.

Estreno les meves primeres obres

El 1590 vaig estrenar de manera anònima la meva primera obra: la primera de les tres parts d'*Enric VI*, en col·laboració amb l'autor Christopher Marlowe, un dramaturg de Canterbury amic meu i un gran rival. Vivia al barri teatral de Londres quan el vaig conèixer. Tenia un teatre propi que li servia per expressar els seus ideals d'autor renaixentista. Marlowe va destacar, com jo, per la incorporació de la història d'Anglaterra en les seves obres. A tots dos ens agradava fer un teatre en el qual apareguessin els reis i els personatges que van forjar Anglaterra. Va ser Marlowe l'escriptor que va iniciar la tradició de la crònica del destí fatal dels reis i els prínceps. *La tràgica història del doctor Faust* i *El jueu de Malta* són les seves obres més conegudes. En alguns aspectes, el seu estil es pot comparar amb el meu.

El gener del 1593 les meves activitats com a autor teatral i actor es van interrompre, com també les dels meus col·legues, a conseqüència de l'aparició d'un brot de pesta a Londres. El Consell Reial va prohibir totes les obres, jocs i espectacles que reunissin públic, llevat dels sermons de les esglésies. I els teatres no es van tornar a obrir fins a l'any següent.

El maig del 1593, quan estava escrivint *La ferèstega domada*, una comèdia molt divertida, en la qual la protagonista és una esposa rebel i desobedient, em va arribar la trista notícia de la mort de Marlowe. Havia mort apunyalat en una taverna de Deptford, per negar-se, segons el que deien els rumors, a pagar el compte del sopar.

Però també es comentava que la seva mort podia estar relacionada amb les activitats dels serveis secrets. Un misteri sense descobrir. El cas és que Marlowe era un ateu simpatitzant de Maquiavel, i va portar una vida aventurera i llibertina. El mateix any de la seva mort va ser acusat d'heretgia, però abans que comencessin les accions contra ell va ser assassinat. Vaig quedar abatut per aquesta gran pèrdua, ja que se'l considerava el millor autor de la seva generació. Fins i tot es va arribar a dir que les meves obres les escrivia Marlowe i que en realitat era jo qui havia mort. Us puc ben assegurar que això no és cert. Sobre la resta, mantindré el secret.

Més endavant vaig escriure les altres dues parts d'*Enric VI*, i a continuació *Ricard III* (1599). Els meus primers drames tenien com a rerafons les guerres civils a l'Anglaterra del segle XV. Hi volia destacar l'egoisme dels polítics de l'època. Amb la mort de Ricard III, va accedir al tron Enric VIII, fundador de la dinastia Tudor.

També vaig escriure unes quantes comèdies, com *La comèdia dels errors* (1592), un text molt divertit que segueix el model dels clàssics llatins i provoca rialles en mostrar els equívocs d'identitat de dues parelles de bessons i els malentesos que es produeixen.

Entre mecenes i reis

En aquells dies havia aconseguit tenir un protector, el jove Henry Wriothesley, tercer comte de Southampton, ja que els artistes necessitàvem recursos per poder produir les nostres obres. A més, amb els teatres tancats per causa de l'epidèmia, les coses no anaven bé per als autors i els empresaris. Llavors també em relacionava amb l'ambient del comte Essex, Robert Deveroux, un favorit de la reina, que més tard va ser acusat de conspiració. Però això ja us ho explicaré més endavant.

Als anys 1593 i 1594, respectivament, vaig publicar un parell de poemes amorosos, segons la moda de l'època, *Venus i Adonis* i *El rapte de Lucrècia*, que vaig dedicar al meu protector i que em van valer la reputació de brillant poeta renaixentista.

Cal comentar que aquestes dues poesies van exercir una gran curiositat entre els homes de la posteritat, ja que hi parlava d'un jove enamorat d'una "dama morena" (*dark lady*). Però deixem-ho aquí, no vull recordar aquest afer. No obstant això, he de confessar-vos que, alimentat per la passió i la intensitat d'aquest amor, els poemes em van inspirar, al final, la meravellosa obra que ja em voltava pel cap des de feia anys i que em va conduir a la fama, *Romeu i Julieta*.

Quan els teatres van reobrir ja pertanyia a la companyia Els Servents del Lord Camarlenc, amb la qual vaig estar divuit anys, fins que em vaig retirar definitivament dels escenaris. La nostra companyia tenia tanta influència que dels dies 26 al 28 de desembre del 1594 vam actuar davant la reina Isabel en el seu palau de Greenwich.

El meu teatre: The Globe

A mesura que es representaven les meves comèdies, tragèdies i drames històrics, vaig anar guanyant fama i riquesa. I finalment vaig aconseguir allò que volia: ser el principal dramaturg i accionista de la companyia Els Servents del Lord Camarlenc, que poc després va passar a ser la Companyia Reial, i dels dos teatres que posseïa aquesta companyia, The Globe i el Blackfriars, del primer del qual vaig obtenir la desena part de la propietat.

Però com arribem fins a The Globe? Us ho explicaré. El 1598, quan estava a punt d'expirar el contracte d'arrendament de The Teatre, la sala més antiga de Londres, al nord de les muralles

de la ciutat, Richard Burbage i el seu germà Cuthbert van desmantellar-ne el taulons i se'ls van endur en carro als afores de la ciutat, en concret a l'altra riba del Tàmesi, a Southwark. Vam decorar-ne la teulada amb un globus i una cita en llatí de Petroni que deia «*Totus mundus agit histrionem*» («tot el món és un escenari») tallada sobre el frontispici del teatre, coronat amb la figura d'Hèrcules amb la bola del món sobre les espatlles. L'any següent, amb quatre actors de la companyia i jo com a accionistes, vam inaugurar The Globe amb el meu *Juli Cèsar*, una tragèdia molt intensa sobre la rivalitat política.

Recordo que era un teatre molt bonic i elegant. El mur exterior, de forma octogonal, tancava un pati sense sostre del qual sobresortia part de l'escenari. A l'entorn del pati hi havia tres galeries, una sobre l'altra, cobertes amb una teulada de palla. Molt aviat The Globe va esdevenir un teatre cèlebre, tant per les representacions de les meves obres com de les dels meus col·legues Ben Jonson, Beaumont, Fletcher i el malaguanyat Christopher Marlowe.

El 1613 un canó, disparat durant la representació de l'obra *Enric VIII*, va incendiar la teulada de palla i va destruir l'edifici. Es va reconstruir de seguida, però trenta anys més tard va ser arrasat pels puritans. Però llavors jo ja estava mort i enterrat.

Fins al final del segle xx el meu estimat The Globe no va tornar a obrir les portes amb la intenció de convertir-se en un centre per a la investigació, la divulgació i la representació de les meves obres.

Romeu i Julieta, amants per a l'eternitat

El 1595 finalment vaig estrenar *Romeu i Julieta*, que des de la primera funció sempre ha tingut molt èxit. Va esdevenir la història d'amor més gran de tots els temps i em va portar la immortalitat. Crec que es va fer cèlebre perquè vaig tractar de manera molt poètica l'amor juvenil, però també pel tràgic destí dels dos amants, originat pels seus caràcters temperamentals i per l'enemistat de les dues famílies. Voleu que us n'expliqui l'argument?

L'acció se situa a la ciutat italiana de Verona. Quan s'aixeca el teló, podem veure una baralla entre els criats de dues cases nobles, els Capulet i els Montagú, a la qual se sumen Benvolio, dels Montagú, i Tibald, dels Capulet. La lluita s'atura perquè el príncep de la ciutat hi posa pau. Després, els Montagú parlen del jove i enamoradís Romeu, fill del cap de família d'aquesta estirp. Romeu, perquè coneguin la seva estimada, els proposa d'anar disfressats a una festa que ofereixen aquella nit els seus enemics, els Capulet.

Mentrestant, entren en escena el vell Capulet i el comte Paris. El primer accepta la petició del segon de casar-se amb la seva filla Julieta, que aviat farà catorze anys.

Seguidament la senyora Capulet parla amb Julieta i la dida per comentar la proposta de matrimoni, que de primer moment agrada a la noia.

A la nit, Romeu i dos joves més dels Montagú, Benvolio i Mercutio, van a la festa dels Capulet. Llavors succeeix un fet inesperat: Romeu veu Julieta i immediatament sorgeix l'amor; aconsegueix saludar-la i fer-li un petó. Julieta també s'enamora a l'instant, però poc després s'assabenta per la dida que Romeu pertany a la família rival. Romeu oculta el seu amor, s'esmunyeix de la companyia dels amics i, quan és ben fosc, s'introdueix al jardí dels Capulet. Veu Julieta a la finestra i hi parla; li promet un amor sincer i li diu que l'endemà enviarà algú per concertar el casament. Julieta i Romeu obliden que les seves famílies estan enemistades i tots dos juren estimar-se eternament. A la sortida del sol Romeu va a demanar ajuda a fra Llorenç perquè els casi en secret. Ell s'hi avé perquè creu que d'aquesta manera s'acabarà l'odi entre les dues famílies. Tot seguit, la dida es troba amb Romeu, que li demana que aquella mateixa tarda faci anar Julieta a la cel·la de fra Llorenç, on es casaran. Dit i fet. Arribat el moment, Romeu i Julieta es troben al convent i el frare els casa.

No obstant això, la felicitat durarà ben poc. La tragèdia està a punt de començar. Al carrer, Mercutio i Benvolio es troben amb Tibald, dels Capulet. Apareix llavors Romeu, i Tibald el desafia. Però Romeu, ja casat en secret i a punt de trobar-se amb Julieta, no vol lluitar.

Mercutio lluita en comptes de Romeu i Tibald el mata. Romeu ha estat testimoni de l'escena i, enfurismat, posa fi a la vida de Tibald. Arriba el príncep i en saber el que ha passat desterra Romeu de Verona.

La dida ho explica tot a Julieta, i després va a buscar Romeu, amagat a la cel·la de fra Llorenç. El frare li aconsella que se'n vagi a Màntua; Romeu hi està d'acord, però de primer, aquella nit, fa una visita a Julieta a la seva habitació. Aleshores es produeix l'escena culminant, quan a l'albada Romeu s'acomiada de Julieta. Els amants no ho saben, però aquest és el seu darrer encontre.

Després entra la senyora Capulet a comunicar a Julieta que el seu casament amb el comte Paris serà al cap de dos dies. Ella s'hi nega, perquè ja està casada amb Romeu. Però davant la fúria i les amenaces del pare, la manca de suport de la mare i els mals consells de la dida, Julieta se sent abandonada i sola. Llavors fingeix que accepta i se'n va a demanar consell a fra Llorenç.

L'astut frare traça el pla següent: li dóna a Julieta un beuratge que farà que sembli que està morta el matí del casament. Mentre els seus pares l'enterren al panteó dels Capulet, ell, mitjançant una carta, farà tornar de Màntua Romeu, el qual la traurà de la tomba quan ella desperti. Així, Julieta beu la droga, i en comptes d'un casament se celebra un funeral.

Malauradament, Romeu, per un impediment del missatger, no ha rebut la carta de fra Llorenç; però sí que arriba un criat seu que li explica que Julieta ha mort. Romeu, desesperat, compra un verí i torna a Verona.

Fra Llorenç, en saber que el seu missatger no ha pogut dur a terme la tasca que li ha encomanat, decideix anar ell mateix al panteó per treure Julieta i amagar-la a la cel·la fins que torni Romeu.

A la nit arriba al panteó el desolat comte Paris per posar flors a la tomba de Julieta; però de sobte apareix Romeu decidit a enverinar-se, i lluita amb ell i el mata. Després, davant el cos inert de la seva esposa, Julieta, beu el verí i mor. Llavors arriba fra Llorenç i el troba sense vida; quan Julieta desperta de la seva mort aparent i veu Romeu estès a terra, no fa cas dels consells del frare perquè es retiri a un convent i es treu la vida amb el punyal de Romeu.

Al final, un cop descoberta tota la veritat i davant el príncep, les famílies es reconcilien sobre les tombes dels seus fills.

Tragèdies, conspiracions i èxits

Després de tenir un gran èxit amb *Romeu i Julieta*, les coses van començar a canviar sobtadament. El 1596 va ser un any tràgic, perquè el meu fill Hammet, va morir als onze anys. Però també vaig aconseguir ennoblir el cognom del meu pare en obtenir un escut d'armes on apareix el símbol del nostre nom: la llança.

La meva esposa Anne i els meus fills no vivien amb mi a Londres, sinó que s'havien quedat a Stratford, a la casa del carrer Henley. Però el 1597, ja famós i ric, vaig poder comprar al meu poble natal una mansió elegant de tres plantes i cinc frontons, anomenada New Place, situada al darrere d'un pati del carrer Chapel, davant de l'església. En aquesta casa darrerament hi passava llargues temporades, quan no teníem funció a Londres.

L'any 1599 va ser l'inici d'una època una mica turbulenta, i vaig estar a punt de perdre el favor reial. Tot això va passar quan la meva companyia va representar l'obra de la deposició i l'assassinat del rei Ricard II, el contingut de la qual preparava els ànims per a un cop d'estat contra Isabel. En la conspiració estava implicat el meu amic Robert Deveroux, el comte Essex, que havia estat secretari i protegit de la reina. La investigació posterior va absoldre la companyia teatral de qualsevol complicitat. Tanmateix, Essex va ser declarat culpable i, més tard, va ser executat.

L'any següent va morir el meu pare. Era la segona mort d'un familiar molt proper, i això em va portar cap a una visió més pessimista del món, que es veuria reflectida en el meu títol següent, el més famós i tràgic: *Hamlet*, la meva obra més universal.

De fet, els crítics moderns dirien que amb *Hamlet* començava un tercer període en la meva obra dramàtica, en el qual vaig escriure els meus millors drames, les meves tragèdies més profundes, com *Otel·lo, el moro de Venècia*, un personatge dominat per la gelosia. Però la història del príncep Hamlet de Dinamarca va més enllà de les tragèdies centrades en la venjança, ja que reflecteix d'una manera esborronadora la barreja de glòria i immoralitat que identifica la naturalesa humana.

Hamlet, el príncep de Dinamarca

Vaig escriure aquesta obra el 1601, a partir d'un tema de Thomas Kyd, basat en una llegenda escandinava molt popular sobre un príncep anomenat Amleth. Sens dubte, aquesta ha estat una de les meves millors creacions. I també un dels meus millors personatges, amb el qual vaig voler simbolitzar el dubte, sobretot en el cèlebre monòleg «Ser o no ser». Encara avui a les escoles es recita Hamlet. Us recordeu d'aquestes paraules?

«Ser o no ser... Aquest és el dilema.
¿Què és millor per l'ànima,
sofrir insults de Fortuna, cops, dards,
o alçar-se en armes contra l'oceà del mal,
i oposar-s'hi i que així s'aturin? Morir, dormir...»

En aquest conegut monòleg es troba la clau del drama: el príncep expressa a través d'un torrent de paraules sonores i eficaces els seus dubtes entre el que és viure, dormir, somiar i morir. És el seu desig de morir o de no viure en un lloc podrit. No us sembla extraordinari?

La tragèdia comença així: al príncep Hamlet de Dinamarca se li apareix l'espectre del pare, que li mana que mati el seu oncle i padrastre perquè el va assassinar a ell i va usurpar la corona, però alhora li diu que respecti la mare, casada amb l'autor del crim. Terrible, oi? Un fantasma que parla amb un mortal des de l'altre món.

De primer, Hamlet es desfoga amb la mare depravada, i li fa saber que coneix la veritat dels fets. Més endavant, veiem com Hamlet intenta dur a terme la venjança i travessa amb una espasa el cos d'algú que creu que és el mal rei, amagat al darrere d'una cortina. Però, quina tragèdia! El mort és Poloni, el pare d'Ofèlia, la noia enamorada de Hamlet, que ha embogit perquè el príncep ha renunciat el seu amor per tal d'enfrontar el seu destí.

Aquesta mort inesperada dóna lloc a un seguit de desgràcies: Laertes, fill de Poloni, vol acabar amb la vida de Hamlet per venjar la mort del seu pare i de la seva germana Ofèlia, que se suïcida per culpa del tracte que rep de Hamlet.

La situació no pot ser més desesperada. Hamlet s'ha enfonsat. Sent que viu en un món d'enganys i corrupció, i aquestes sensacions el condueixen a un estat en què els moments d'angoixa i indecisió es barregen amb accions frenètiques i tremendes. Aquesta situació és aprofitada pel rei, el seu oncle, que ordeix un pla per acabar amb la vida de Hamlet; però fracassa, i el príncep torna sa i estalvi a la cort de Dinamarca. Què més pot passar que no sigui un final tràgic i absurd per a tots els personatges del drama?

L'últim acte és una orgia de mort: Hamlet mata el rei, és a dir, el seu oncle; Laertes i Hamlet es maten l'un a l'altre en un duel a la cort, al davant de tothom. Mentrestant, la reina, mare de Hamlet, beu per error un verí preparat per matar el seu fill.

És clar que Hamlet és l'obra més coneguda i representada de tots els temps. De fet, és potser el meu únic drama que s'ha representat sense interrupció des del 1601 fins avui.

La reina ha mort, visca el rei Jaume!

Dos anys més tard la reina Isabel va morir a Richmond. Era l'any 1603. D'ella només en puc dir elogis. Va ser una reina plena de sentit polític, que va saber governar el país malgrat les crisis. En l'aspecte econòmic el regnat d'Isabel va suposar el triomf de les classes emprenedores i la preparació de les condicions que havien de convertir Anglaterra en la potència colonial, comercial i industrial més poderosa del món al segle XVIII. Estimava la música, el ball, el cant i el teatre. Com que va restar soltera tota la vida (per això l'anomenaven la "Reina Verge"), la va succeir Jaume I, fill de Maria d'Escòcia i primer rei Estuard d'Anglaterra.

També vaig representar a la cort del rei Jaume, fins i tot amb més freqüència que els meus companys. No es pot dir que Jaume fos un gran monarca per a Anglaterra. Tot i que va posar fi al conflicte amb Espanya el 1604, una mica després va signar una aliança amb França i va declarar de nou la guerra a Espanya. Què hi farem, coses de reis.

L'any 1605 es va obrir el teatre de Blackfriars. Era una sala diferent de les altres, coberta i amb llum artificial, destinada a un públic selecte.

Aquell any vaig estrenar les meves últimes grans tragèdies: *El rei Lear*, que descriu les conseqüències de la irresponsabilitat, i *Macbeth*, que tracta sobre el procés d'un home bo que es deixa endur per l'ambició i arriba a l'assassinat.

Ja gairebé arribem al final d'aquesta història. Els meus darrers anys van ser molt intensos, plens d'emocions i de feina, com sempre havien estat. El 1606 es va casar la meva filla Susanna, i dos anys després hi va haver un naixement i una mort: va néixer la meva primera néta, Elisabeth Hall, i va morir la meva mare. El 1609 vaig publicar tots els meus sonets, 154!, dedicats a W.H. Potser eren per a aquell jove de cabells rossos, el comte Henry Wriothesley, o per a la meva infidel dama morena. És un petit secret que guardo molt bé.

Vida retirada a Stratford

Em vaig retirar definitivament a Stratford el 1610, però de fet ja feia temps que hi passava temporades llargues dedicades al treball literari. Vaig posar punt final a aquesta tasca en la meva obra de comiat al públic, una tragicomèdia, *La tempestat* (1611), i vaig abandonar les meves activitats com a autor.

I ja arribem al darrer any de la meva vida. A principis del 1616 es va casar la meva filla Judith. L'abril vaig fer testament, amb la peculiar ordre de llegar a la meva esposa "el meu segon millor llit" i al meu col·lega Richard Burbage un valuós anell, prova de la meva amistat. La nit del 22 la vaig passar en vetlla entretenint el dramaturg Ben Jonson. Va ser la darrera nit, ja que el 23 d'abril, la data del meu aniversari, i també la mateixa en què va morir el gran escriptor espanyol Miguel de Cervantes, vaig passar a millor vida. La meva sepultura es troba a l'església de Holy Trinity d'Stratford.

Només em queda per dir-vos que al llarg de 52 anys vaig donar tot el que un home del meu temps podia imaginar al món de les lletres. Tot i que també he de dir que vaig tenir força sort, i gràcies al meu hàbil sentit de l'economia vaig poder enriquir-me amb només trenta-set obres teatrals i jubilar-me tranquil·lament abans dels cinquanta anys. Potser diran que he deixat un llegat ric. Jo crec que sí, que ha estat prou extens.

La projecció del meu teatre

A partir del segle XIX les meves obres han rebut un gran reconeixement arreu del món. Avui es representen gairebé totes i són font d'inspiració per a nombrosos experiments teatrals, ja que comuniquen un coneixement profund de la naturalesa humana, gràcies a la caracterització de personatges tan diversos que vaig ser capaç de descriure i inventar.

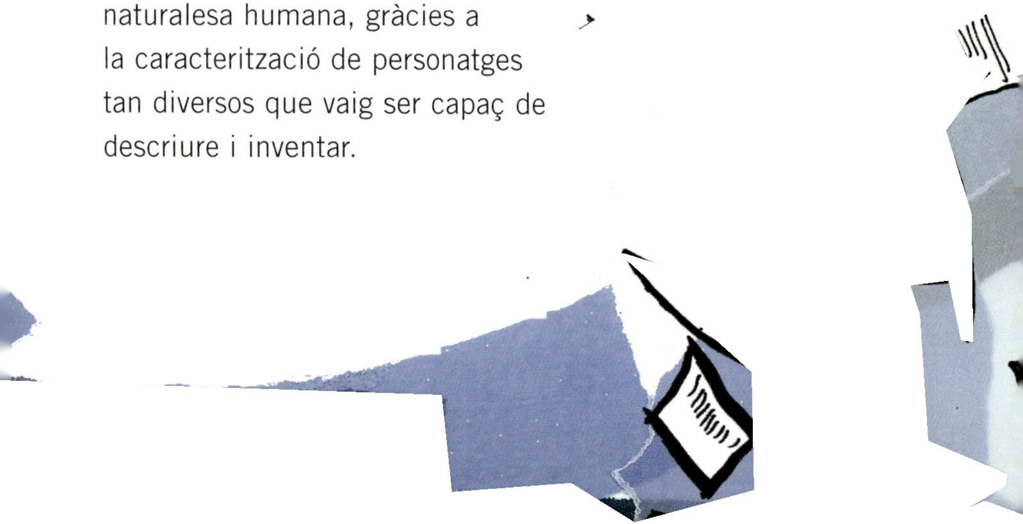

La meva habilitat en l'ús del llenguatge poètic i dels recursos dramàtics va deixar una empremta en autors posteriors al meu temps. I tot perquè vaig aconseguir crear una unitat literària i artística a partir d'una combinació d'expressions i accions, impensables en la literatura. D'altra banda, en nombrosos escriptors del segle XX, com Pinter, Beckett i George Bernard Shaw, s'observen trets del meu món creatiu.

Anys	Vida de Shakespeare	Història
1558-1580	1564. 23 d'abril. Neix a Stratford-on-Avon. 1578. Abandona la Grammar School d'Stratford, on havia cursat els primers estudis.	1558. Comença el regnat d'Isabel I d'Anglaterra, de la dinastia Tudor. 1571. Batalla de Lepant. 1577. Isabel I envia el corsari Drake a una expedició contra les colònies espanyoles.
1581-1590	1582. Es casa amb Anne Hathaway. Neix la seva filla Susanna. 1585. Neixen els bessons Judith i Hammet. 1586. Actua com a actor en una companyia ambulant a Stratford. 1587. Marxa a Londres. 1590. Estrena la primera part de la trilogia *Enric VI*.	1581. Unió de les corones de Portugal i Espanya. 1585. Comença la guerra d'Espanya i Anglaterra. 1586. Conspiració per assassinar Isabel I i entronitzar Maria Estuard, reina d'Escòcia, que serà decapitada a Londres. 1588. Derrota de l'Armada Invencible de Felip II.
1591-1600	1592. Escriu *La comèdia dels errors*. 1593. Publica *La ferèstega domada* i *Ricard III*. 1594. Ingressa a la companyia Els Servents del Lord Camarlenc. 1595. Estrena *Romeu i Julieta*. Escriu *Enric IV* i *Somni d'una nit d'estiu*. 1596. Mor el seu fill Hammet. Publica *El mercader de Venècia*. 1598. Funda el teatre The Globe amb Richard Burbage. 1599. Escriu *Molt soroll per no res* i *Les alegres casades de Windsor*.	1593. Aparició d'un brot de pesta a Londres. Es tanquen els teatres. 1593. Christopher Marlowe és assassinat. 1594. Enric de Navarra abjura del calvinisme i es converteix en rei de França. 1598. Publicació de l'Edicte de Nantes. 1599. Conspiració fallida de Robert Deveroux, comte d'Essex, contra la monarquia. 1600. Constitució de les grans companyies orientals (Índies Orientals).
1601-1610	1601. Estrena *Hamlet*. 1604. Escriu *Otel·lo, el moro de Venècia* i *Mesura per mesura*. 1605. Estrena *Macbeth* i *El rei Lear*. 1606. Es casa la seva filla Susanna. Escriu *Antoni i Cleòpatra*. 1609. Es publiquen els seus 154 sonets. 1610. Es retira a Stratford. Escriu *El conte d'hivern*.	1603. Mor Isabel I i puja al tron el rei Jaume I, primer Estuard d'Anglaterra. 1604. Jaume I posa fi a la guerra amb Espanya; però poc després la declara novament, aliat amb França. 1609. Fundació del Banc d'Amsterdam.
1611-1620	1611. Estrena *La tempestat*, la seva darrera obra. 1616. Es casa la seva filla Judith. 1616. 23 d'abril. Mor als 52 anys a Stratford.	1613. Un canó destrueix The Globe, però és reconstruït.

Ciència

1572. Tycho Brahe descobreix una supernova a la constel·lació de Cassiopea.

1584. Giordano Bruno, a partir de l'heliocentrisme de Copèrnic, escriu *De l'univers infinit i els mons.*

1594. Johannes Kepler elabora una hipòtesi geomètrica complexa per explicar les distàncies entre les òrbites planetàries.
1596. Johannes Kepler publica les seves teories en un tractat que porta per títol *Mysterium Cosmographicum.*

1605. Francis Bacon publica *L'avanç del coneixement.*
1609. Galileu Galilei construeix un telescopi amb el qual descobreix cràters a la Lluna i observa que la Via Làctia està composta per estrelles.
1610. Galileu Galilei publica els seus descobriments en *El missatger dels astres.*

1618. René Descartes inicia els seus estudis sobre òptica que van culminar amb el descobriment de la llei fonamental de la reflexió.
1620. Francis Bacon escriu *Novum organum scientiarum.*

Arts

1558. Christopher Marlowe escriu la tragèdia *Doctor Faustus.*
1576. Es construeix The Theatre, el primer teatre de Londres.
1578. Pierre de Ronsard: *Sonets per a Helena.*

1581. T. Tasso escriu *Jerusalem alliberada.*
1583. Fray Luis de León publica *La perfecta casada.*
1586. Thomas Kyd escriu *La tragèdia espanyola.* El Greco pinta *L'enterrament del comte d'Orgaz.*
1590. Els University Wits (Marlowe, Greene, Kyd i Peele) estrenen drames i comèdies.

1592. John Donne escriu el llibre de poemes *Sàtires.*
1596. Fundació del Blackfriars Theatre.

1605. Miguel de Cervantes publica la primera part de *El Quixot.*
1606. Ben Jonson escriu *Volpone o la guineu*

Introducing Acupressure

Acupressure is [illegible] ure is used on key points to stim[illegible] e abilities. It encourages the re[illegible] sed circulation of blood, and the flo[illegible] imply by pressing these special poin[illegible] cesses the energy of the body through the points and meridian pathways — both use the same points and meridian pathways — to influence the health and well-being of a person.

In this system, symptoms are considered an expression of the state of the whole body. For instance, a tension headache may originate in the shoulder and neck area. Using points, acupressure can not only relieve the local head pain and discomfort, but also can reestablish the body's balance — before the stress and strain can cause more problems in other areas of the body.

History of Acupressure

When there is pain, it is naturally instinctive to hold the place that hurts. More than 5,000 years ago the Chinese discovered that when certain places on the body were held, not only did the place that was held feel better, but other remote parts of the body also benefited. Over time, they observed that pressing certain points helped alleviate specific health conditions.

In the early dynasties of China, when stones and arrows were the only weapons available for warfare, unexpected benefit occurred in battle when wounded soldiers reported that symptoms of other diseases that they had lived with for years suddenly vanished. Though this baffled ancient physicians, for whom there was no logical relationship between the trauma and the recovery, they continued to observe these phenomena. Stimulating these areas of the surface of the body, by trial and error, these physicians charted the points and developed ways to relieve traumas, dysfunctions and pains in the body. One of these methods was acupressure.

The Principles of Energy and Balance

The practice of acupressure began as a folk art in ancient China, India and other Eastern cultures over 5000 years ago, and later migrated to Japan. These cultures still use this hands-on healing art today; it was passed down from generation to generation for thousands of years. Through observation of the cycles of nature — day to night, spring to winter, birth to death — the ancients recognized the natural forces of energy which regulate all life, and even discerned the various systems of the human body: circulatory, which includes lymphatic and vascular; neuro-muscular; respiratory; digestive; urinary and reproductive systems.

The Chinese call this force *chi.* In Japan it is termed *ki,* while in the Yogic practices of India it is referred to as *prana.* These terms all refer to the same life force which exists in our environment — indeed, the universe — links us to it, and gives us life.

Chi is the cosmic breath of life. It is what creates and nourishes the human spirit, what gives us energy, and what keeps our engines running. Chi is the force of nature that moves in visible and invisible currents and paths through all matter. Chi connects everything. It creates mountains, keeps rivers moving, gives trees their uprightness and their diversity in branching toward heaven.The movement of chi can be seen in the landscape and in the elements, as well as in the human body.

Many things affect chi within the human body: inherited physical traits, amounts and quality of food and rest, stress as well as trauma and injuries. In extreme imbalances mental, emotional or physical problems may occur. The foundation of the Oriental healing arts focuses on balancing the energy flow within all aspects of our being.

The ancient Chinese also discovered that the forces of life energy consisted of the interplay between two polar opposites, creating a vibratory movement and energy flow. These polar forces of energy, referred to as yin and yang, follow natural laws that are the fundamental principles for all martial and healing arts.

Yin and Yang

Yin and Yang are complementary and interdependent aspects of a single unifying force. The Yin force is seen as passive, cold, receptive, feminine and internal. The Yang force is active, hot, productive, masculine and external. Each is relative to the other and both contain a small amount of the other.

These opposite forces interact in order to create balance. This is seen in the yin/yang or tai ch'i symbol below, illustrating the light within the dark and the dark within the light.

SUN

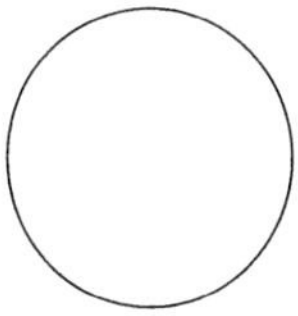

Active Forces
warming
focused
outer

MOON

Receptive Forces
cooling
open
inner

This concept is the basis of the ancient Chinese texts (the *I Ching* and the *Yellow Emperor's Classic of Internal Medicine*, among others) which have formed the foundation for lifestyles that have promoted physical, mental and emotional well-being. These concepts are still used by modern practitioners of Oriental medicine.

Breathing & Hara Meditation

Acupressure enables us to transform deep breathing into a usable healing force. Through breathing, meditation, and visualization we can create an exceptionally vital flow of chi that can be channeled through the body for strength and health. During a hands-on acupressure session, this energized flow of chi in a practitioner can facilitate the flow of healing energy in the receiver's body.

By using the breath as a focus, chi can be drawn through the top of the head and in through the feet. Breathing this energy into the Hara (the spot approximately two fingers' width below the navel) we can harmonize our bodies and minds with Spirit. Hara Breathing and relaxed meditation increase the flow of healing energy while practicing acupressure.

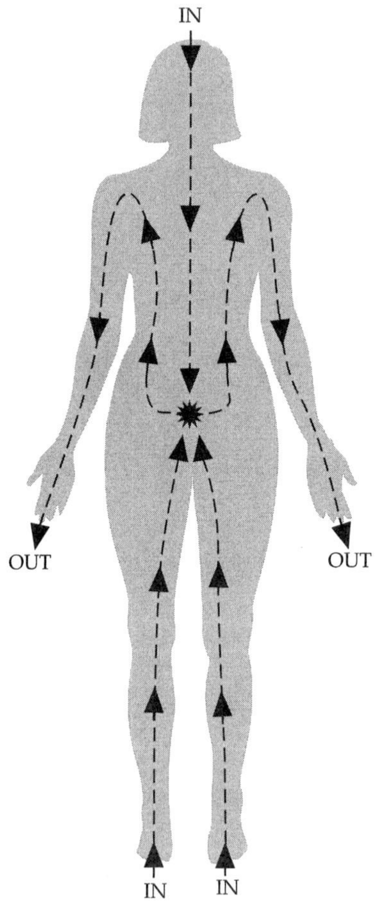

A Visualization for Enhancing Your Healing Energy

This healing visualization will center your energy before you give an acupressure session…

Sit with your spine straight in a comfortable chair or on a pillow in a comfortable cross-legged position for at least five to ten minutes with your eyes closed.

Let your shoulders relax downward. Focus on breathing long, slow, deep breaths through your nose, if possible. As you breathe deeply, visualize your body as a vessel of concentrated energy.

Focus on bringing energy into your feet from the earth. Feel the gravitational force of the earth grounding and supporting your body. As you breathe deeply, bring energy up through the bottom of your feet into your body.

Now place your concentration in between your eyebrows at your Third Eye point. Breathe deeply as you concentrate on this vital center. Tell your mind to simply relax, letting go of any mental stress, and visualize a vortex of energy or light pouring into the top of your head as you breathe deeply. Breathe in the life force and let the energy circulate with each exhalation. Spend a minute or two with this powerful breathing meditation to charge yourself full of vital energy for your session.

End the the meditation by focusing on the yin and yang qualities within you. First explore the parts of you that are receptive, nurturing, loving, supportive and open to experience. Take a nice deep breath feeling how you trust your inward focus and intuition. Spend enough time to really feel this gentle part of you.

Now explore or feel the active, focused part of you. Take a few deep breaths into your assertive, outwardly directed part of yourself. As you continue to breathe deeply, feel or visualize these two forces working together in your acupressure session.

How Acupressure Works

Acupressure points, called *tsubo* in Japan, are places on the skin that conduct bioelectrical impulses in the body. When these points are stimulated with pressure, needles, heat or cold, pain relieving neurochemicals called endorphins are released. As a result, pain is relieved in the affected area. The power and sensitivity of touch, as well as the increased circulation of chi and blood, causes the muscles to relax and promotes healing.

Tension tends to concentrate around acupressure points. When a muscle is chronically tense or is in spasm, the muscle fibers contract due to the secretion of lactic acid caused by fatigue, trauma, stress, chemical imbalances, poor circulation, diet and lack of exercise.

As a point is pressed, the muscles elongate and relax, allowing blood to flow freely, and toxins to be released and eliminated. Increased circulation also brings more oxygen and other nutrients to affected areas. This increase leads to stronger resistance to illness and promotes a longer, healthier and more vital life.

Acupressure can also help restore emotional balance by releasing the accumulated tension caused by repressed feelings. When blood, oxygen and bioelectric energy circulate properly, we have a greater sense of harmony, health and well being.

When a point is stimulated in the same area where pain or tension is felt it is called a local point. The same point can also relieve pain in a part of the body that is distant to the point, in which case it is called a trigger point. These points are connected through channels on the body called meridians.

Whether to relieve pain or muscular discomfort or to prevent illness, acupressure techniques are intended to correct imbalances, working toward the regulation and harmony of all systems of the body.The growing appeal of the ancient Chinese healing arts has led to an increased interest in acupressure as a means toward optimal wellness.

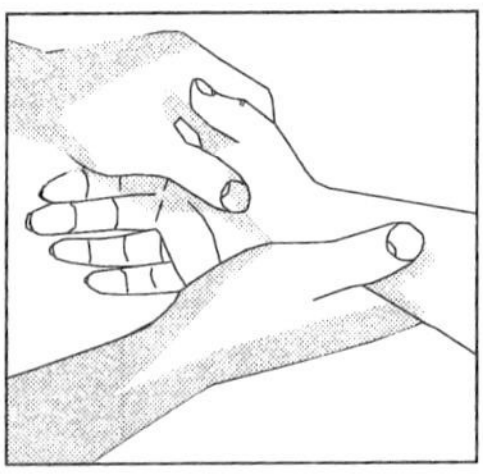

Assessment Procedures

A client assessment includes the following:

- Discuss symptoms and the background of the complaint, including how long it has occurred, whether the symptoms are getting better or worse, and its possible causes.
- Take a brief personal health history — Include past ailments, surgeries, drugs (prescribed or recreational), injuries and traumatic experiences.
- Note the tone of voice, posture and facial features.
- Feel the pulses and the tension in the neck and low back. Translate the pulse quality into a couple of words that describe the client's energy or personality. Work on the side with strongest pulse and / or most tension.
- Choose the Extraordinary Channel that best fits the symptoms.
- Record results of session.

Pulse Reading

Traditional Chinese medicine has developed the art of feeling the wrist pulses on the radial artery in order to assess the internal condition of the body. By feeling the blood flow, you can determine the energy of various health conditions and even sense personality qualities of your client. A rapid pulse, for instance, could indicate nervousness, anxiety or could simply be due to drinking coffee. A sunken, slow, depressed pulse could be fatigue, cold in the body; depression or emotional fatigue.

The pulse at the wrist usually beats harder on the side where the energy is most blocked. Imagine a hose with water going through it. If the hose had a kink in it, the water flow would have resistance and pump harder, trying to push through the blockage. Acupressure will be most effective by working with the points on the side with the most tension — where the energy is most blocked. This is the side with the strongest pulse. Determine this by comparing the pulses on the wrist with the muscular tension on both sides of the back, shoulders and neck. If the tightest side is not beating the hardest, then work on the side that feels the tightest or has the most problems. When in doubt, simply ask the client and follow their awareness, working on the tightest side.

When you have experience reading pulses this way, you will begin to feel various pulse qualities. There are twelve different reading positions, six on each wrist. Each one of these twelve relates to a specific organ meridian. Pulse reading is one of the most important techniques in traditional Chinese health care for assessing what is happening moment to moment in the body.

Styles of Acupressure

The ancient points are common to all types of acupressure. Each type has distinctive characteristics that incorporate unique ways of touching and interacting with clients. The following descriptions focus on the primary styles or methods of acupressure.

Jin Shin was discovered in Japan by Jiro Murai, who rediscovered the ancient *chi* flow (bioenergy) in his own body and mapped a powerful healing system of points. Combinations of acupressure points are held with the fingertips for a minute or more, usually with the client lying on his or her back.

Shiatsu (literally, "finger pressure") is also Japanese in origin. This well known method uses firm rhythmic pressure on the points for three to five seconds (with the thumbs in the Namakoshi style) following a sequence of points designed to awaken the meridians.

Zen Shiatsu is a creative whole body Shiatsu style utilizing stretches, leverage and rhythmic breathing to awaken the healing channels of the body.

Barefoot Shiatsu uses various parts of the foot, allowing the practitioner the added advantage of leaning his or her body weight to apply the pressure.

Acu-Yoga and **Do-In** (or self acupressure massage) are two techniques designed specifically for self application. Acu-Yoga uses whole body postures along with deep breathing, finger pressure, meditations and stretches. Do-In also incorporates body awareness, stretching and breathing, but focuses on various techniques that stimulate the points and meridians.

Tui Na is a vigorous and subtle Chinese massage using a variety of hand movements to increase the circulation of blood and chi.

Thai Massage utilizes a series of powerful full body stretches.

The Organ Meridians

The meridians are a series of twelve bilateral interconnected channels within the body. Just as vessels carry the blood that nourishes the body physically, the meridians are distinct channels that circulate electrical energy throughout the body. The meridians carry bioelectric signals through all the parts of the body in a continuous flow, like a river. The meridians connect the acupressure points, and provide a flow of chi which nurtures the internal organs to which they are linked. Meridians are thought to be part of a master communications system of universal life energy within the body, connecting organs to all sensory, physiological and emotional aspects of the body.

Meridian Abbreviations

The charts in this book use the following abbreviations:

Lu	Lung
LI	Large Intestine
St	Stomach
Sp	Spleen
H	Heart
SI	Small Intestine
B	Bladder
K	Kidney
P	Pericardium
TW	Triple Warmer
GB	Gall Bladder
Lv	Liver
CV	Conception Vessel
GV	Governing Vessel

Basic Acupressure Points

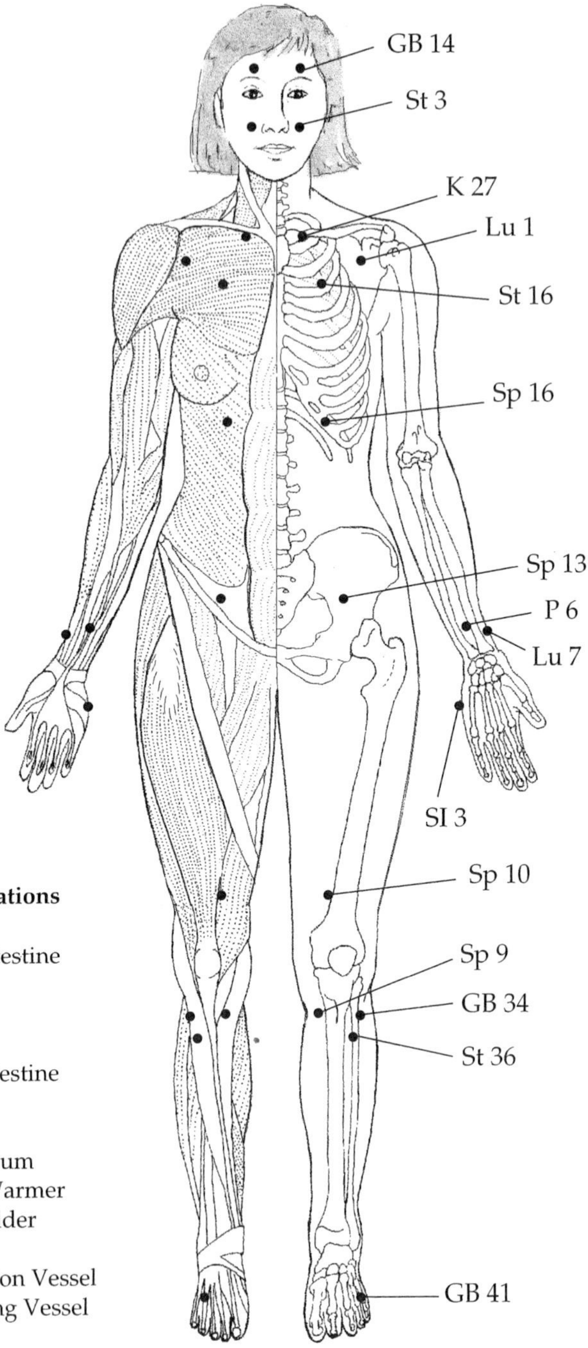

Abbreviations

Lu	Lung
LI	Large Intestine
St	Stomach
Sp	Spleen
H	Heart
SI	Small Intestine
B	Bladder
K	Kidney
P	Pericardium
TW	Triple Warmer
GB	Gall Bladder
Lv	Liver
CV	Conception Vessel
GV	Governing Vessel

Basic Acupressure Points

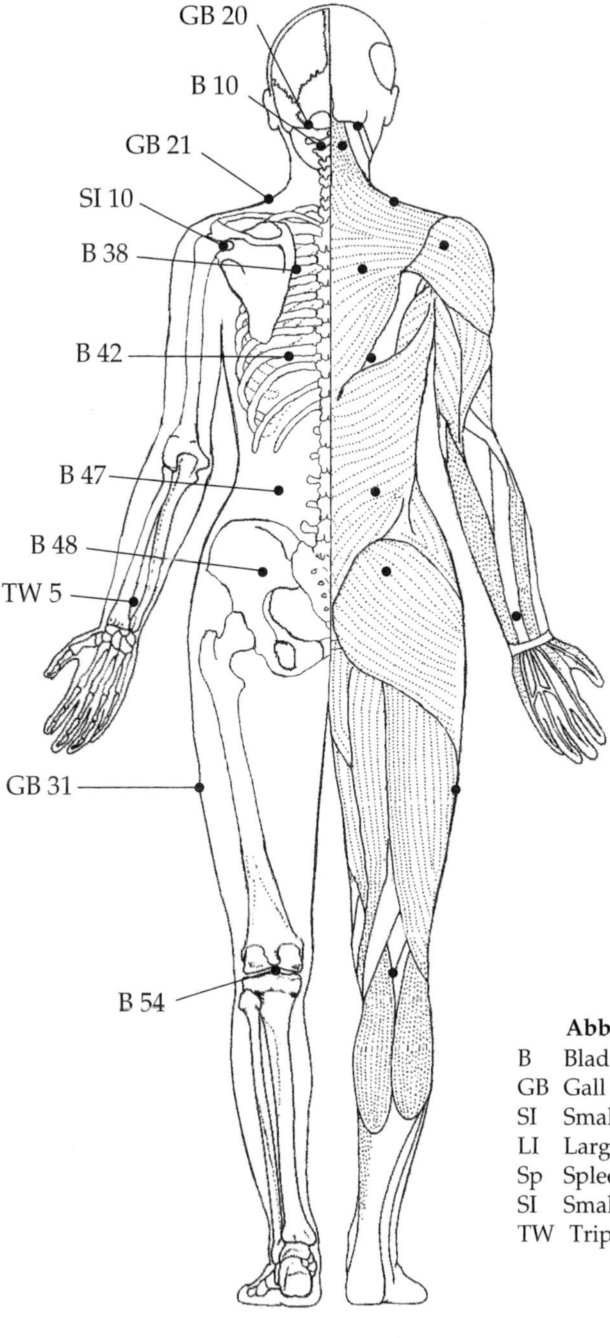

Abbreviations

B	Bladder
GB	Gall Bladder
SI	Small Intestine
LI	Large Intestine
Sp	Spleen
SI	Small Intestine
TW	Triple Warmer

Abbreviations

LI Large Intestine
GB Gall Bladder
Sp Spleen
K Kidney
B Bladder

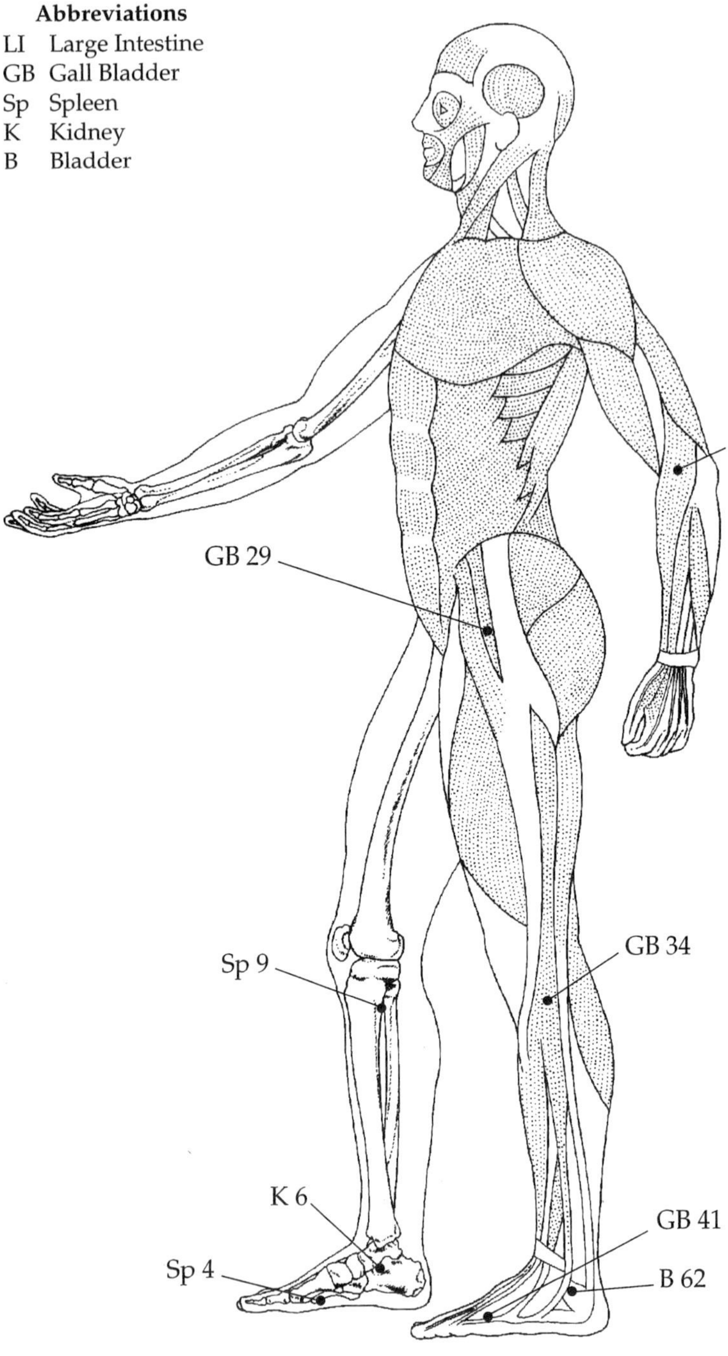

Basic Acupressure Point Location

How to find and feel the points

- **GB 14** *Yang White* — On forehead, one finger's width above the eyebrows, directly above the pupil when the eyes look forward.

  Finger Application: Use light touch — too much pressure can cause a headache.

  Benefits: Clear thinking, emotional balance, hypertension, eye strain, facial and neck tension, headaches.

- **St 3** *Facial Beauty* — At bottom of cheek bone (maxilla) directly down from the pupil.

  Finger application: Use your index finger to lightly press upward in the notch on the bottom of the cheekbone.

  Benefits: Master facial point; stuffy nose, eye irritation, pressure in head, toothache, facial paralysis, sinus problems, nausea, (pregnancy past the 4th month).

- **K 27** *Elegant Mansion* — On the chest, in the depression between the first rib and the lower border of the clavicle (collar bone).

  Finger Application: Firm contact, pressing into the slight indentation below the clavicle and beside the sternum.

  Benefits: Helps all the meridians run in their correct direction; brings up energy and breath; benefits the respiratory system; opens spirit; revitalizes and opens up the back; good for nausea and indigestion.

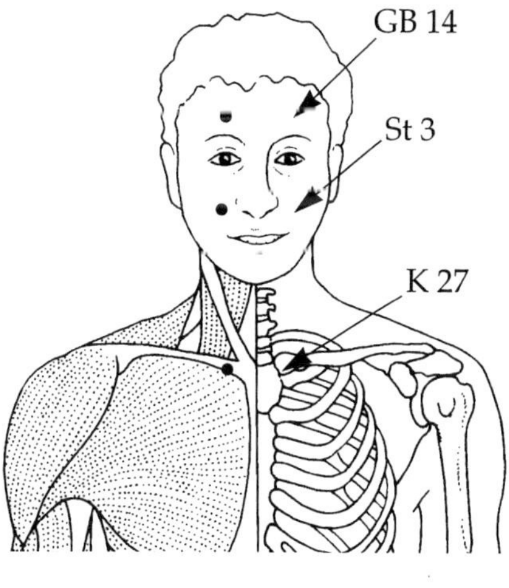

● **St 16** *Breast Window* — Directly above the nipples, between the 3rd and 4th rib.

Finger Application: Contact the muscular "cord" between the ribs, with light pressure. This is often tender, especially on women.

Benefits: Depression, melancholia, chest tension, insomnia, heartburn, breast pains, lactation and breast feeding.

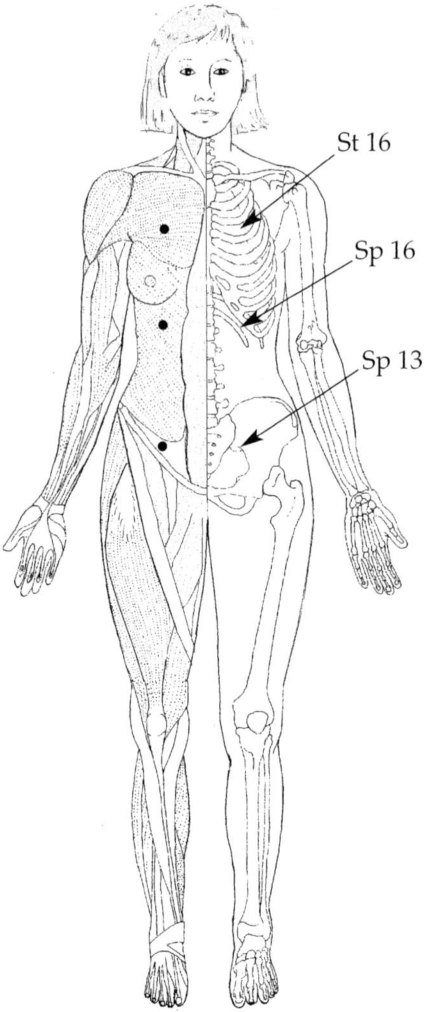

● **Sp 16** *Abdominal Sorrow* — Below the edge of the rib-cage, at the junction of the 8th and 9th rib cartilage, just inferior to the nipple line.

Finger Application: With your fingertips onto the bottom edge of the rib-cage, pressing upward into a major indentation, or angle into diaphragm.

Benefits: Indigestion, belching, gas pains, side aches, appetite imbalances, diaphragm tension, hiccoughs, snoring, insomnia, liver and gall bladder disorders, irritability.

● **Sp 13** *Rushing Door* — In the groin, a finger's width above the inguinal crease on a vertical line up from the mid-line of the thigh.

Finger Application: Lean into the groin with the heel of your hand, or use finger pressure to gradually lean inward.

Benefits: Pelvic tension, groin pain, menstrual tension, stomach discomforts, indigestion, cold feet, frustration, sexual tension and imbalances, abdominal bloating.

- **Sp 10** *Sea of Blood* — 3-4 fingers width above the superior medial border of the patella, at the bulge of the vastus medialis muscle.

  Finger Application: Feel for a thick muscular cord above the knee in line with the inside edge of the patella (kneecap). Pull up on the muscle and press toward the femur.

  Benefits: Anemia, fatigue, indigestion, menstrual cramps, female reproductive problems, sweet cravings, poor circulation, hemorrhaging.

- **Sp 9** *Shady Side of the Mountain* — On the inside of the leg below the head of the tibia.

  Finger Application: Angle the pressure underneath the tibia and upwards toward the knee.

  Benefits: Knee problems, swelling, leg tensions, varicose veins, edema, water retention, worry, overall yin conditions.

- **K 6** *Joyful Sleep* — Master Point of the Great Bridge Channel. In the indentation directly below the inferior border of the medial malleolus (ankle bone).

  Finger Application: Contact a little wiry band, a tendon, inside the indentation below the inside of the ankle bone.

  Benefits: Urinary and reproductive organs, hypertension, insomnia, back problems, swollen ankles, fear and drowsiness.

- **Sp 4** *Grandparent - Grandchild* — Master Point for Penetrating Vessel. On the arch of the foot, in the indentation in the inferior border of the first metatarsal bone, one thumb width from the ball of the foot.

  Finger Application: Firmly press the muscle on the arch of the foot.

  Benefits: Indigestion, stomach aches, hypochondria, worry, foot cramps, poor circulation and cold feet.

- **GB 41** *Above Tears* — Master Point for the Belt Channel. Between the 4th and 5th metatarsals, immediately distal to the junction, on top of foot.

  Finger Application: Press just below the juncture between the 4th and 5th metatarsal with the finger tip.

  Benefits: Hip pain, shoulder tension, headaches, side aches, excessive water weight, sciatica, migraines.

● **B 62** *Calm Sleep* — Master Point for the Bridge Channel. In the first hollow directly below the external malleolus (outer ankle-bone).

Finger Application: Press on the outer hollow below the ankle bone on the outside of the foot.

Benefits: Back pain, insomnia, hypertension, headaches, epilepsy, dizziness, sciatica.

● **GB 34** *The Sunny Side of the Mountain* — Tendon and Ligament Master Point. On the outside of the lower leg, below and in front of the head of the fibula.

Finger Application: Press in firmly just below the head of the bone, directly on the tendon.

Benefits: Muscular tensions, aches, spasms and strains; backaches, headaches, stomach aches, constipation, fear, knee problems, shin splints, overall yang conditions.

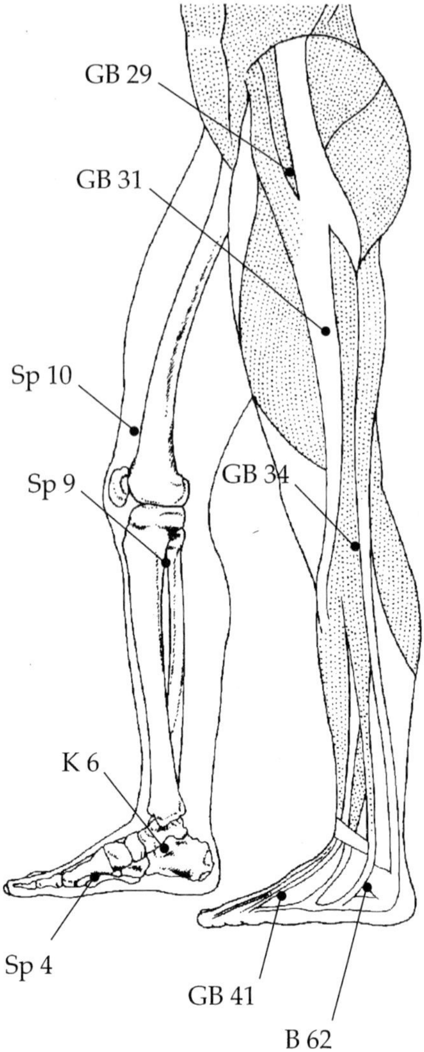

● **B 54** *Equilibrium Middle* — On the posterior surface of the leg, in the center of the knee crease.

Finger Application: Press firmly toward the center of the knee cap.

Benefits: Relieves back pain, sciatica, knee pain, back stiffness, arthritis in the knees, back and hips.

● **GB 31** *Wind Market* — On the outside of the thigh, halfway between the top of the femur (thigh bone) and the knee.

Finger Application: Feel for the lumps of tension in the center of the outer thigh. Press firmly straight into the muscle.

Benefits: Toxicity, negativity, constipation, pain in thighs, itching, sciatica.

● **GB 29** *Dwelling in the Bone* — On the hip, midway between the anterior superior iliac spine and the prominence of the greater trochanter.

Finger Application: Press firmly into muscle towards top of femur.

Benefits: Sciatica, hip problems, strengthens the lower back, relaxes the sinews. (see page 16).

● **B 48** *Womb and Vitals* — One to two fingers width outside of the widest portion of the sacrum.

Finger Application: Firmly press into the muscle outside the sacrum.

Benefits: Pelvic tension, bladder weakness, constipation, hemorrhoids, hip pain, urinary problems, prostate problems, sciatica, lower backaches, menstrual cramps, frustration.

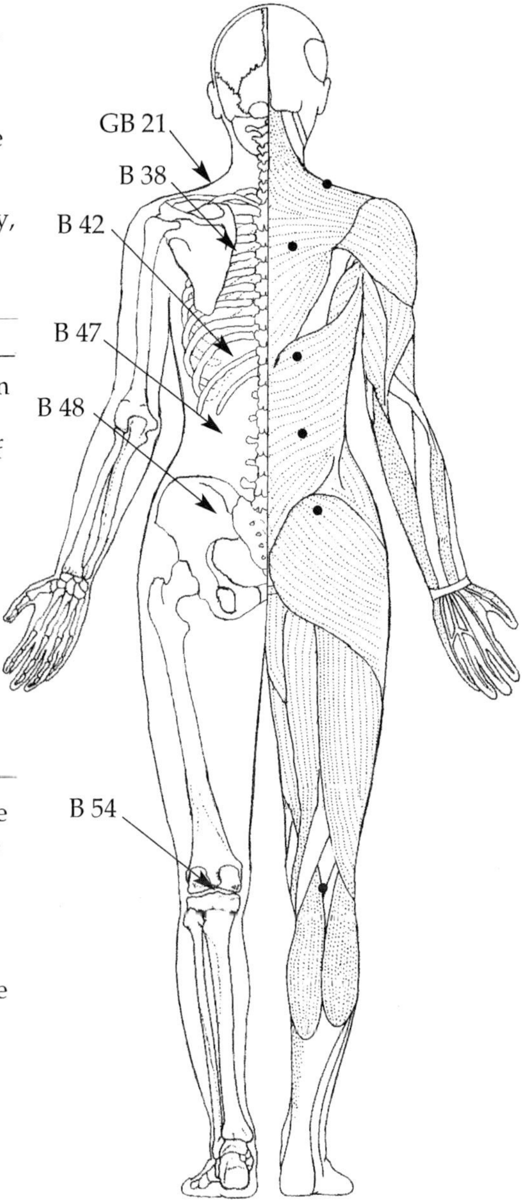

● **B 47** *Sea of Vitality* — Midway between the iliac crest and base of the lowest rib, three fingers width outside and between 2nd and 3rd lumbar vertebra.

Finger Application: Firmly press the outside of the thick, ropy muscles on both sides and inward towards the spine.

Benefits: Fatigue, lower backache, kidney problems, impotence, genital and urinary problems, lumbago, abdominal disorders, fear.

● **B 42** *Soul Door* — 3 to 4 finger widths below the inferior tip of the scapula level with the 9th and thoracic vertebrae.

Finger Application: Firmly contact the muscular tension in the middle of the back.

Benefits: Digestive disorders, stomach or side aches, back and diaphragm tension, stomach ulcers, liver or gall bladder disorders, jet lag, bitter taste in mouth.

● **B 38** *The Vitals Diaphragm* — On the medial side of the scapula, between the 4th and 5th thoracic vertebra.

Finger Application: Contact the "knots" of tension between the scapula and the spine at the level of the heart.

Benefits: Heart and respiratory problems, coughing, difficult breathing, hypertension, insomnia, grief, anxiety, hysteria, fatigue, emotional pain and imbalances.

● **GB 21** *Shoulder Well* — On the superior edge of the trapezius muscle, at the highest point of the shoulder, three finger widths out from the neck.

Finger Application: Hold the muscular tension on the top of the shoulder. Gradually ease deeper into the muscle as it softens and relaxes.

Benefits: Uptightness, irritability, fatigue, shoulder tension, poor circulation, cold hands or feet, nervous problems, headaches. Press lightly if pregnant.

- **B 10** *Heavenly Pillar* — At the top of the neck, one finger width out from the midline, below the base of the skull between the 1st and 2nd cervicals.

  Finger Application: Use all of your fingers to firmly hold the tightest part of the trapezius muscle on the neck.

  Benefits: Nervous tension, headaches, stiff neck, sore throat, voice problems, self expression, thyroid problems, depression.

- **GB 20** *Gates of Consciousness* — In the hollow below the occipital ridge between the trapezius and sternocleidomastoid muscles, lateral to B 10.

  Finger Application: Firm pressure underneath the hollow of the skull with the head tilted back.

  Benefits: Headaches, hypertension, stiff neck, memory, insomnia, eye strain, irritability, indecisiveness, dizziness, head colds.

- **SI 10** *Shoulder Correspondence* — Below the acromion, in the hollow formed by the scapulo-humeral articulation.

  Finger Application: Press directly on the muscular cord in the shoulder joint, angling the pressure towards the heart.

  Benefits: Stiff neck, shoulder tension, pain in the shoulder blades, arm problems (pain, tingling, numbness, poor circulation), cold hands, hypertension.

- **LI 11** *Crooked Pond* — In the elbow joint at the lateral end of the elbow crease.

  Finger Application: Use your thumb to press into the elbow joint with the arm flexed.

  Benefits: Constipation, skin problems, elbow problems, fever, colds, flu; special tonic point.

- **TW 5** *Outer Gate* — Master Point of the Regulator Channel. On the posterior aspect of the forearm, two fingers from the transverse wrist crease, between the radius and the ulna.

  Finger Application: Firmly press between the bones on the outside of the forearm.

  Benefits: Rheumatism, temporal headaches, influenza, cold, fatigue, fear, wrist, tendonitis and carpal tunnel syndrome.

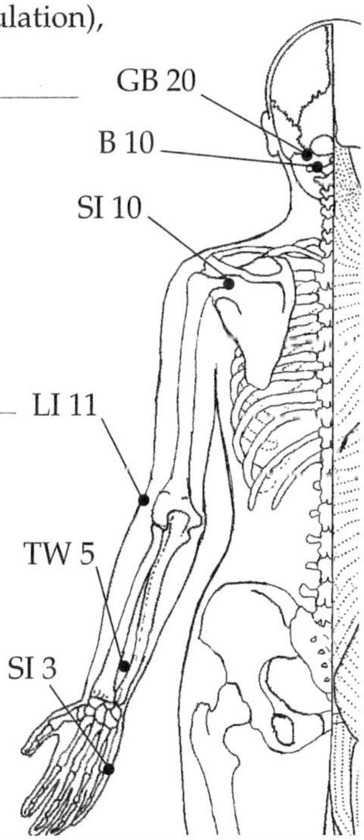

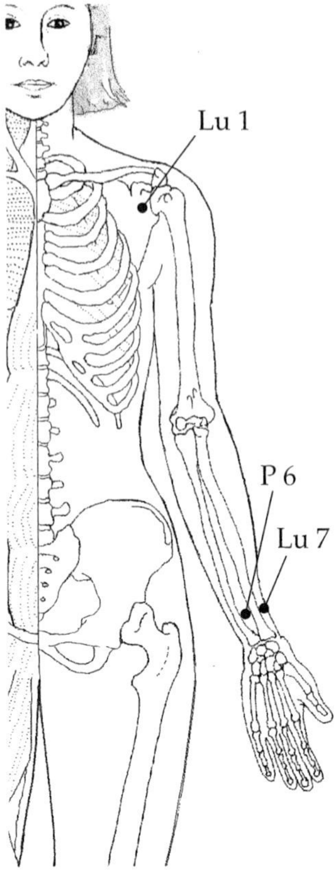

● **SI 3** *Back Stream* —Located at end of deepest transverse crease on side of palm.

Finger Application: Press directly into the side of the hand level with the crease.

Benefits: Balances the Governing Vessel. Relieves stiff neck, ear problems.

● **P 6** *Inner Gate* — Master Point of the Regulator Channel. On the anterior forearm, two finger widths proximal to the transverse wrist crease, between the two tendons that are between the radius and ulna.

Finger Application: Firmly press between the radius and ulna, one or two inches above the wrist. Press lightly if pregnant.

Benefits: Nausea, motion sickness, insomnia, emotional imbalances, irregular menstrual periods, diarrhea, dizziness, epilepsy, difficult breathing, tendonitis, carpal tunnel syndrome.

● **Lu 7** *Narrow Defile* — In the radial groove, three finger widths proximal to the wrist fold.

Finger Pressure: Press directly into the radius.

Benefits: Relieves asthma, coughs, stiff necks. Balances the Conception Vessel.

● **Lu 1** *Letting Go* — On the upper, outside portion of the chest, in the depression three finger widths below the collarbone.

Finger Application: Feel for muscular tension in the upper outside portion of the chest. Encourage breathing into the points as they are being held. Hold both sides at once if possible.

Benefits: Difficult breathing, chest tension, emotional holding, cough, asthma, tonsil problems, skin disorders, grief.

Acupressure Points for Additional Flow Patterns

- **GV 20** *One Hundred Meeting Point* — On the crown of the head between the cranial bones, on a line from the tip of the ears to the top of the head.

  Finger application: Press lightly on the slight hollow on the very top of the head.

  Benefits: Helpful for headaches and heatstroke. Strengthens the mind and boosts morale.

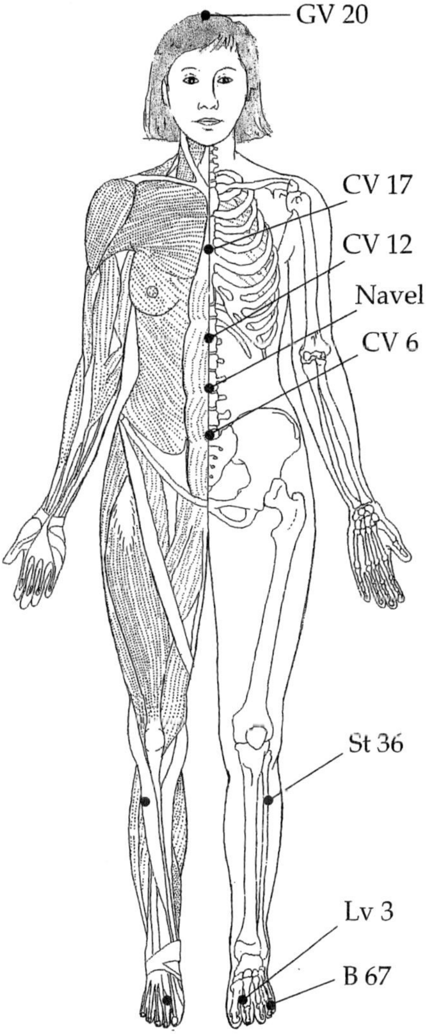

- **CV 17** *Sea of Tranquility* — At the center of the sternum at the level of the heart.

  Finger Application: Gentle pressure directly into the sternum.

  Benefits: Balances emotions of anguish, depression, grief, loneliness. Nourishes the heart; opens up the breathing by releasing tension in the chest and lungs; aids insufficient lactation.

- **CV 12** *Middle Duct, Center of Power* — On the front midline of the body, halfway between sternum and navel.

  Finger Application: Press this point slowly and firmly with a slight upward angle toward the diaphragm. (On an empty stomach)

  Benefits: Promotes good digestion, releases and balances stress, tensions and frustrations held in the stomach and small intestines. Balances the appetite; releases overall body tension.

- **CV 6** *Sea of Ch'i* — Also known as the Hara. Two fingers below the navel.

  Finger Application: Press lightly on center of abdomen.

  Benefits: Development of energy, power and centeredness. Tonifies the abdominal muscles, intestines, and helps strengthen the reproductive system.

- **St 36** *Three Miles* — On the outside of the leg, four fingers below the knee cap.

  Finger Application: Press directly into the muscle that runs along the outside of the shin bone at a 90° angle from the surface of the skin.

  Benefits: Revitalizes the whole body. Releases physical fatigue. Regulates appetite imbalances.

- **Lv 3** *Supreme Rushing* — On the top of the foot, in the valley between the first and second metatarsal.

  Finger Application: Firm pressure into the top of the foot, pushing slightly toward the heel.

  Benefits: Lack of strength and feeling in arms, weakness in legs and inability to walk, toe joint pain, fever with much pain. Relieves arthritis, cramps, headaches, tired eyes and hangovers; alleviates congestion and pain; invigorates and clears the entire system.

- **B 67** *Extremity of Yin* — On the outside of the base of the little toenail.

  Finger Application: Use your index finger to firmly press the base of the little toenail.

  Benefits: Difficult labor, malposition of the fetus, and urinary dysfunctions.

- **GV 16** *Wind Palace* — In the center of the back of the head, in the large hollow under the base of the skull.

  Finger Application: Press gradually into the hollow angling upward towards the top of the head.

  Benefits: Relieves head congestion, headaches, mental stress and stiff necks. Aids the eyes, ears, nose and throat. Relieves hangovers,vertigo, insomnia and nosebleeds.

- **GV 4** *Gate of Life* — On the back between the second and third lumbar vertebrae.

  Finger Application: Press between the bones.

  Benefits: Migraine headaches, dizziness, painful joints, burning pain.

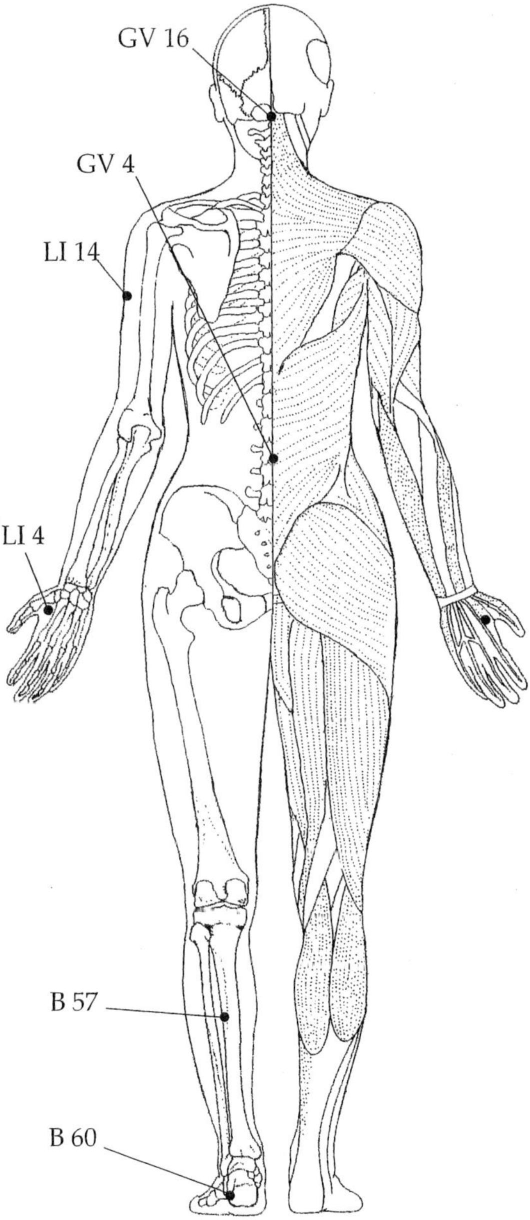

- **LI 4** *Joining the Valleys* — Forbidden during pregnancy. In the webbing between the thumb and index finger.

  Finger Application: Press firmly into the highest spot of the muscle between the thumb and index finger.

  Benefits: Relieves allergies, frontal headaches, hay fever, sneezing, itching, constipation, and depression.

- **LI 14** *Outer Arm Bone* — On the lateral surface of the arm in the deltoid V.

  Finger Application: Use your fingertips to lightly press the upper arm bone.

  Benefits: Arm swollen, numb, or painful, toothache, releases shoulder joints, and stiff neck.

- **B 57** *Mountain Support* — Midway between B 54 and the heel, at the bottom of the calf muscle bulge.

  Finger Application: Gently apply finger pressure to the belly of the calf muscle.

  Benefits: Hemorrhoids, constipation, lumbago.

- **B 60** *High Mountain* — Midway between the lateral malleolus (outer ankle bone) and the Achilles tendon.

  Finger Application: Feel for a hollow soft space between your outer ankle bone and the Achilles.

  Benefits: Lower back ache or pain, convulsions in little children.

Extraordinary Channels

There are four additional pairs of energy pathways called the Extra Meridians, Regulatory Channels or the Extraordinary Channels, Flows or Vessels. They are also referred to as Irregular, Strange, or Special Flows. These differ from the organ meridians in that they do not flow continuously; they only flow when necessary.

The Extraordinary Channels function as the body's master balancing mechanism, being reservoirs of energy which can drain excesses or supply depletions of energy within the organ meridians.

Most of the Extraordinary Channels flow through points of the twelve organ meridians to balance them; only the Central Channel, (consisting of the Conception Vessel and the Governing Vessel) have their own points. The other six intersect with the twelve regular meridians at points known as "confluent" or master points which act as portals allowing chi and blood to leave or enter the channel. The direction of flow in the Extraordinary channels runs from the top of the head down the front of the body, and from the feet to the top of the head up the back of the body.

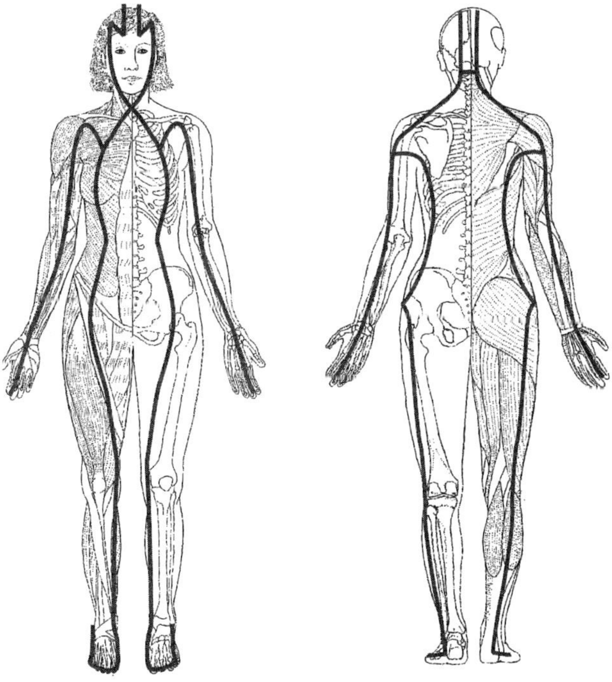

Four Extraordinary Channels

Regulator Channel

- Yinwei mai — Yin Linking Channel
- Yangwei mai — Yang Linking Channel

Bridge Channel

- Yinqiao mai — Yin Motility Channel
- Yangqiao mai — Yang Motility Channel

Central Channel

- Ren mai — Conception Channel
- Du mai — Governing Channel

Penetrating and Belt Channel

- Chong mai — Penetrating Channel
- Dai mai — Belt Channel

The Regulating Channel

The Linking Channel

Yin and Yang Wei Mai

The Regulating Channel balances all the yin organ meridians in the front with all the yang organ meridians in the back, connecting and balancing the internal organs and the blood, regulating body temperature (fever and chills). It nourishes the immune system, governs the body's resistance to colds and flus. When the energy of the Regulating Channel is released, it also harmonizes our emotions.

Master Points: TW 5 — Outer Gate
P 6 — Inner Gate

Anchor points: Choose the tightest point
- In the shoulders: GB 21
- In the neck: B 10 or GB 20
- In the groin: Sp13 or GB 29

Quick Release Points:
- Hold P 6 (inner wrist) with opposite side Sp 4 (foot arch)
- Hold TW 5 (outer wrist) with opposite side GB 41 (top of foot)

Benefits:
- Balances the body's internal functions
  - -Temperature (fever and chills)
  - -Digestive and metabolism (thyroid imbalances)
  - -Immune system (resistance to illness)
  - -Circulation (cold hands or feet)
- Harmonizes the emotions

Indications for Use:
- Immune deficiency — colds, flus
- Health complaints — fever, hypertension, respiratory problems.
- Stress disorders — such as insomnia, chest tightness, headaches and shoulder pain.
- Emotional imbalances — such as fears, nightmares, apprehension, nervousness, depression.
- Reactions to weather changes — especially in the joints of the hands, shoulders and feet.

Release Patterns for the Regulating Channel

Main Release Pattern: *Client in a supine position (on the back). Sit on tightest side.*

UH = upper hand (hand closest to head)
LH = lower hand (hand closest to feet)

1. UH - GB 20 (same side)
2. LH - GB 14 (opposite side)
3. LH - St 16 (opposite side)
4. LH - Sp 13 (opposite side)
5. LH - Sp 10 (opposite side)

6. UH - B 38 (same side)
7. LH - Sp 9 (same side)
8. LH - Sp 4 (same side)
9. LH - GB 41 (same side)

10. UH -GB 21 (same side)
11. LH - GB 34 (same side)
12. LH - GB 31 (same side)
13. LH - GB 29 (same side)
14. LH - B 42 (same side)

15. UH -LI 11 (same side)
16. UH -TW 5 (same side)
17. UH -P 6 (same side)

Alternative Pattern: *work all points bi-laterally:*

1. GB 21: Knead the shoulders' trapezius muscles.
2. Grasp the skull firmly but gently with the heel of your hands.
3. Sp 13 and GB 29: Approach Sp 13 from the outer hip to slowly palm the groin with the heel of the hand. Then hold GB 29 with your thumbs.
4. TW 5 and P 6 (firmly squeeze the wrist points)
5. Sp 4 (the arch) with GB 41 (top of the feet)
6. Press each toe several times (little toe to large toe)
7. Sit at head. Hold GB 20 (At the base of the skull)
8. GB 14 (lightly touch the forehead)

The Regulating Channel

Direction of the flow: Up the back and down the front

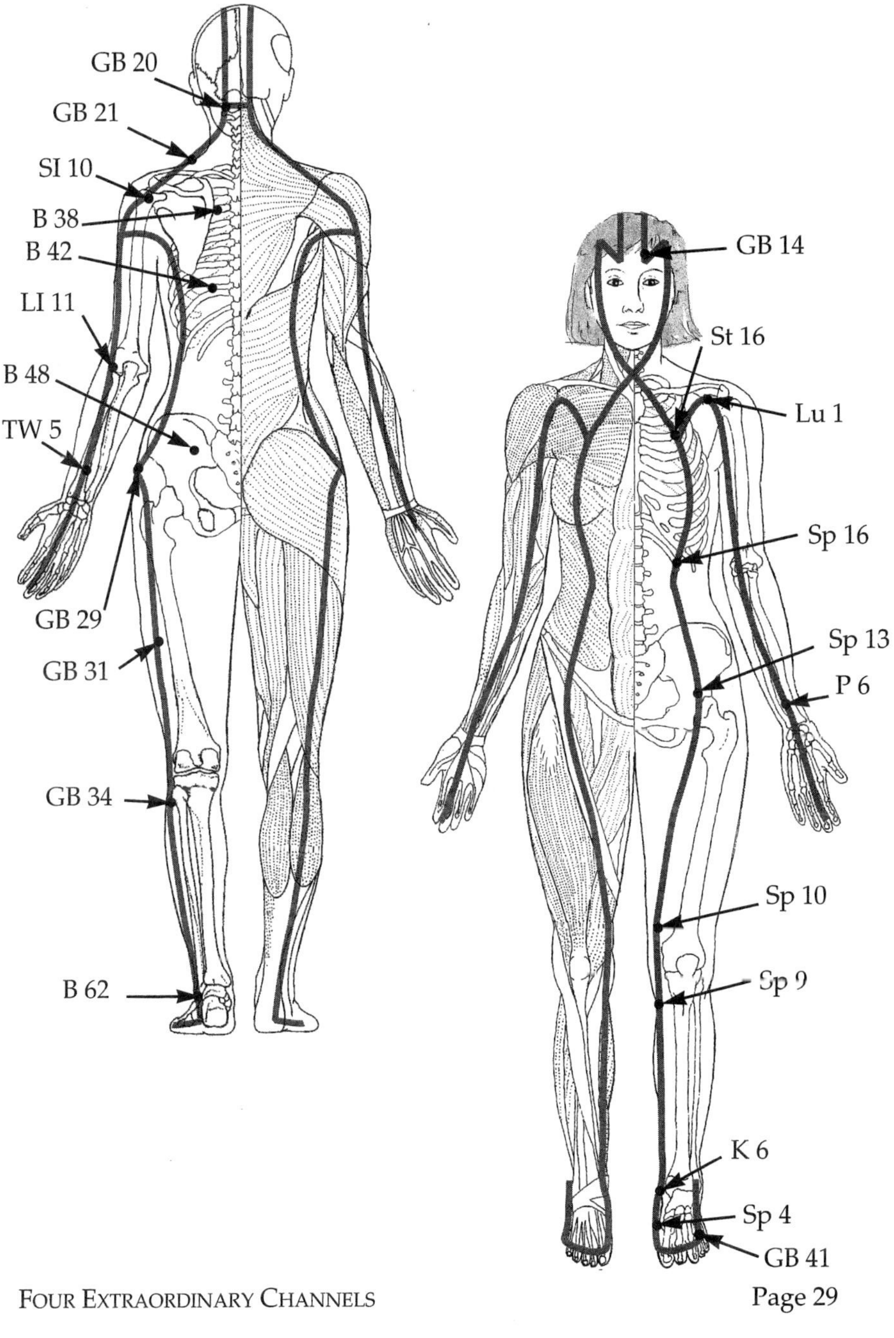

Basic Shoulder and Neck Release

Always finish an acupressure session with either a basic or an expanded Shoulder and Neck Release and the final balancing steps. This release promotes deep relaxation and well-being throughout the whole body by releasing tension in the shoulders and the neck. Hold each point until the muscle relaxes, or you feel a pulse at the point. In this shoulder/neck release the points are held on both sides at the same time.

Have your client lie down on his or her back, comfortably relaxed. Sit at the head of the recipient. Start where the arm joins the back. Work up the shoulders and the neck, releasing the base of the skull as well.

Hold this succession of points bi-laterally:

1. SI 10 "Shoulder Blade" where arm joins the back
2. GB 21 "Shoulder Well" on the top of the trapezius muscle
3. B 10 "Heavenly Pillar" on neck near the hairline
4. GB 20 "The Gates of Consciousness" under the skull

Final Balancing Steps:

5. GV 20 "The Hundred Meeting Place" with:
   GV 24.5 "The Third Eye Point"
6. CV 17 "The Sea of Tranquility."
7. Palm the upper abdomen.
8. Palm the lower belly.
9. Hold all toes to ground the client.

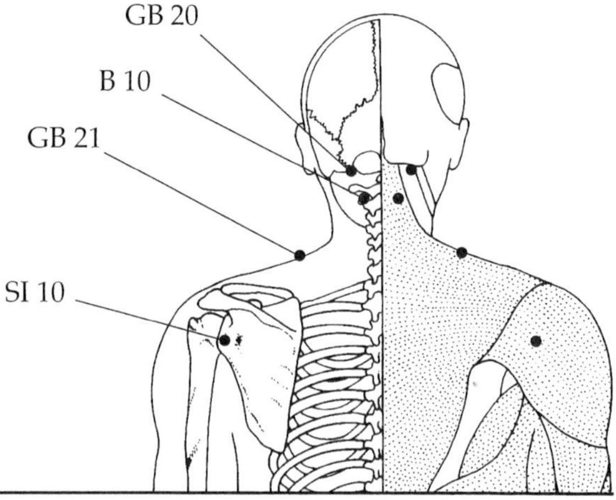

Press into these points very slowly. Contact the muscular tension that surrounds the point. Hold that depth for several minutes and then gradually release the pressure. It is not necessary to push, jab, knead or even massage, but just support the point. Simply hold the muscle so that it can relax.

Hold point GB 20 with your fingers curved underneath the base of the skull. Tilt the head backwards so that the weight of the head rests on your fingertips. Remain here until you feel a pulse on both sides.

Once you feel a pulse, pull the head towards you to elongate the cervical vertebrae in the neck. With you fingers curved, rake them slowly over the skull, pulling the head toward you to benefit the nervous system and the brain.

Final balancing steps

To finish the Shoulder and Neck Release, place your right hand on the top of the head (GV 20) and your left hand lightly on the third eye (GV 24.5). Keep your right hand on the top of the head, bringing your left hand to the center of the breastbone (CV 17) at the level of the heart. Come off the top of the head, placing your right hand on CV 17 while you palm the upper abdomen with your left hand. Then bring that palm to the lower belly. End by holding all the toes. This will balance the entire body.

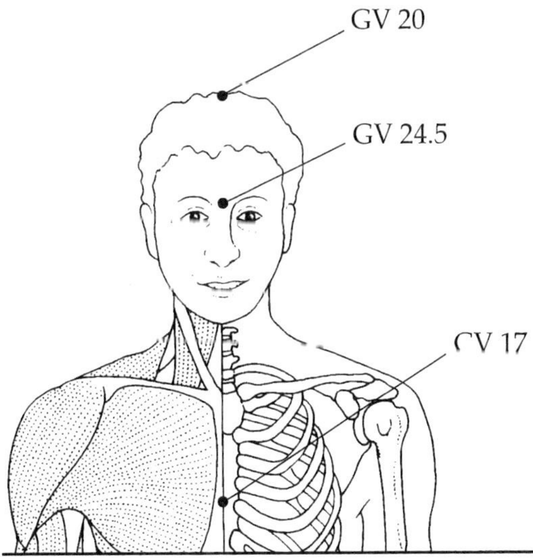

Definition of Terms

- **Master Points:** are the major gateways to enhance the flow of the channel.

- **Base (Anchor) Points:** have a larger function and are held for a long time while your other hand holds a series of points.

- **Quick Release Points:** are coupled and master points that enable the channel to release.

Bridge Channel

The Muscle Energy Balancing Channel

Yin and Yang Qiao Mai

The Bridge Channel mainly balances the amount of chi used by each meridian and governs the body's energy reserves stored in the kidneys. This channel balances the yin and yang energy as well as extreme excesses or deficiencies, such as hypo- or hyper conditions of blood (hypertension, headaches), energy circulation (exhaustion) and blood sugar levels (hypoglycemia). Benefits the shoulder, hip and ankle joints, and regulates muscular activity. Controls the fluids, benefits the uro-reproductive system and influences the eyes.

This channel also facilitates communication between upper and lower body, connecting the head and the heart, helping to ground the energy. This channel is traditionally associated with courage and bravery/ aggressiveness, hypertension/ fatigue, depression, lower back aches, the circulation of the life force and regulation of our muscle activity.

Master Points: Under the Ankles—K 6 and B 62

Base (Anchor) Points: Choose the tightest point.

- Base of Skull: GB 20 or B 10
- Upper Back: B 38
- Hip Joint: GB 29 or B 48
- Mid-back: B 42
- Lower Back: B 47
- Shoulder Joint: SI 10

Quick Release Points:

- Hold same side Lu 7 with opposite side K 6
- Hold same side SI 3 with opposite side B 62

Benefits:

- Distributes energy to the kidneys
- Balances hypo and hyper conditions
- Lower back problems
- Benefits shoulder, hip and ankle joints

Indications for Use:

- Health Complaints: such as all backaches, cramping, epileptic seizures, congestive headaches, migraines, nightmares.
- Energy problems such as fatigue, generalized weakness, and lethargy or hyperactivity.
- Emotional imbalances such as irritations, aggressiveness, depression, "spaceyness," lack of courage, sadness and grief.

Release Patterns for the Bridge Channel

Main Release Pattern:

1. UH - B 10 (same side)
2. LH - St 3 (opposite side)
3. LH - K 27 (both sides)
4. LH - St 16 (opposite side)

5. UH - B47 (same side)
6. LH - K 11 (top of pubic bone, same side)
7. LH - K 6 (same side)
8. LH - B 62 (same side)
9. LH - B 54 (same side)
10. LH - GB 29 (same side)
11. LH - B 48 (same side)

12. UH - SI 10 (same side)
13. LH - B 42 (same side)
14. LH - B 38 (same side)
15. LH - ST 3 (same side)

Alternative Pattern: *Work the following points bilaterally:*

1. Knead the shoulder muscles (trapezius) outward to the shoulder-arm joint (SI 10)
2. Work down the arm to the wrist, pressing Lu 7 and SI 3. Squeeze each finger.
3. GB 29 (below the hips)
4. K6 and B 62 (between anklebone and heel)
5. K2 (center of the foot arch)
6. B 47 (in the lower back; both sides together)

Sit at the head

7. GB 20 (firmly under the base of the skull)
8. GB 14 (light touch on the forehead)

The Bridge Channel

Direction of the Flow: Up the back and down the front

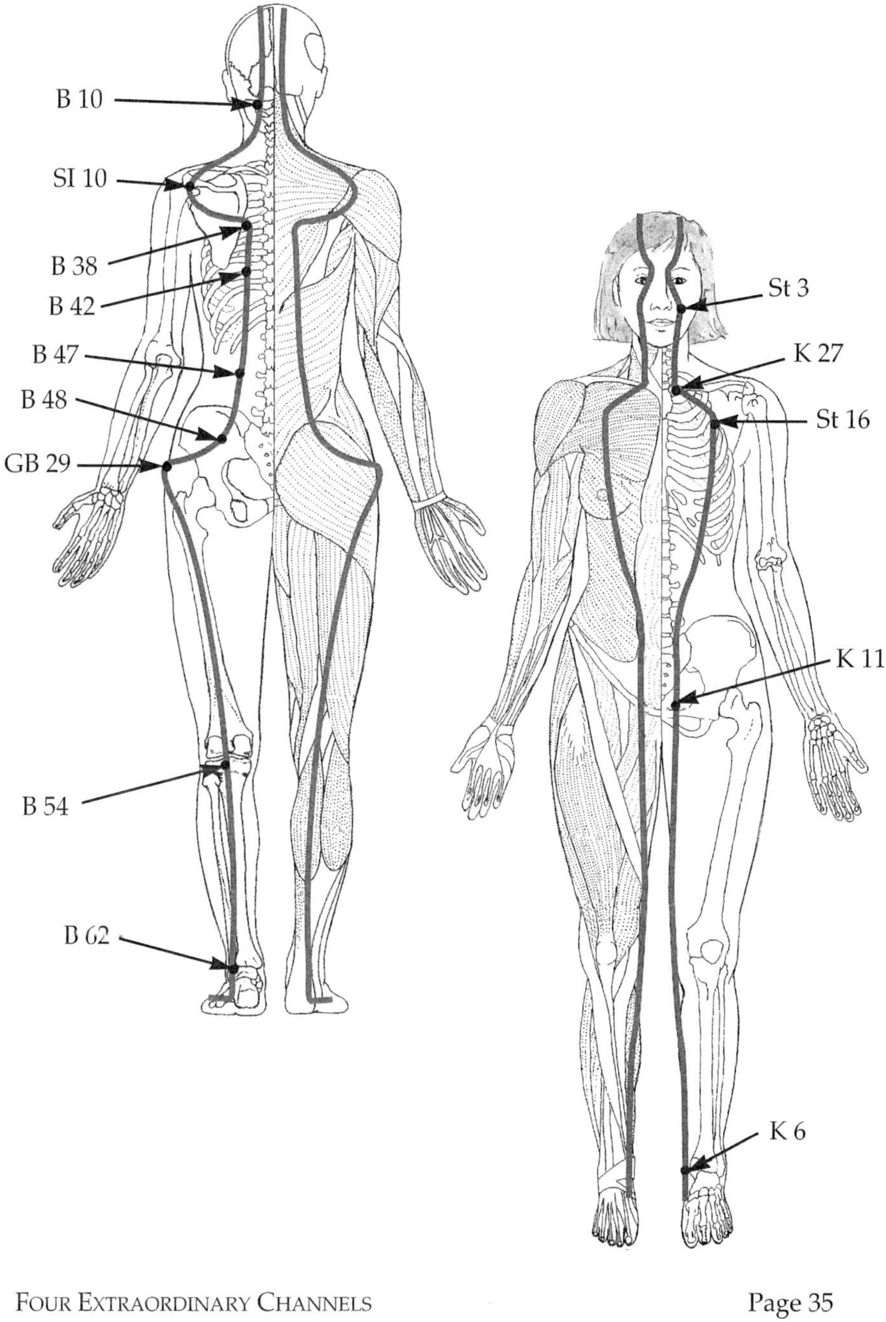

Central Channel

Conception and Governing Vessels

Ren Mai and Du Mai

Of all the energy flows, the Central Channel is the most primary, running through the middle of the body. It is the ruling energy channel of the body and the soul, vital to the well being of the individual. All organ meridians exchange energy with this channel.

The Conception Vessel (CV) is the yin aspect of this channel , running along the front; this primal source of all the yin meridians is classically called the "Great Mother Flow."

The Governing Vessel (GV) is the yang aspect of this channel. The primal source of all the yang meridians, it is referred to in classical Chinese texts as the "Great Father Flow." These two flows have their own point designation separate from the meridians unlike the other Extraordinary Channels which flow through points of other meridians.

Direction of the Flow: One theory is that the energy in these channels flows up the back and down the front, even though the traditional numbering system runs counter to this.

Master Points: Lu 7, SI 3

Quick Release Points:

- Hold same side Lu 7 with opposite side K 6
- Hold same side SI 3 with opposite side B 62

Benefits:

- Balances both sides of the body
- Regulates mental, nervous and reproductive functions
- Governs the spinal column
- Balances the energy centers along the spine (chakras)

Indications for Use:

- Intestinal pain, spasm, vomiting and constipation.
- Colds and sore throats, coughing with cold mucous, stagnant throat or spasms, headaches from colds, swollen and red eyes.
- Night sweating, post partum sweating, inability to sweat.
- Pain in the muscles, tendons and bones, pain in the lumbar and back, stiffness in back of the neck, pain in the shin, knee and thigh, numbness and spasms in the hands, arms and legs.
- Emergency revival — fainting, trauma, emotional upsets.
- Spiritual/emotional balancing — Kundalini blockages.

Release Pattern for the Central Channel

Client in supine position (on the back)
Sit on the right side.

1. LH - sacrum (inside B 48)	1st Chakra
2. UH - GV 4 *Gate of Life* (inside B 47)	2nd Chakra
3. UH - GV 9 *Utmost Yang* Level with the base of the scapula	3rd Chakra
4. UH - GV 12 *Body Pillar* (inside B 38)	4th Chakra
5. UH - GV 14 *Reunion of Yang* (inside GB 21)	5th Chakra
6. UH - GV 16 *Wind Palace* (base of skull)	6th/7th Chakra
7. UH - GV 20 *One Hundred Meeting Point* (top of skull)	7th Chakra
8. UH - GV 24.5 *Third Eye* (between eyebrows)	6th Chakra
9. UH - CV 22 *Celestial Chimney* (in the indentation at the top of the sternum)	5th Chakra
10. UH - CV 17 *Sea of Tranquility* (on sternum, two-third from top)	4th Chakra
11. UH - CV 12 *Middle Duct* (midway between base of sternum and navel)	3rd Chakra
12. UH - CV 6 *Sea of Ch'i* (midway between navel and pubic bone)	2nd Chakra
13. UH - CV 2 *Curved Bone* (top of pubic bone)	1st Chakra

Central Channel

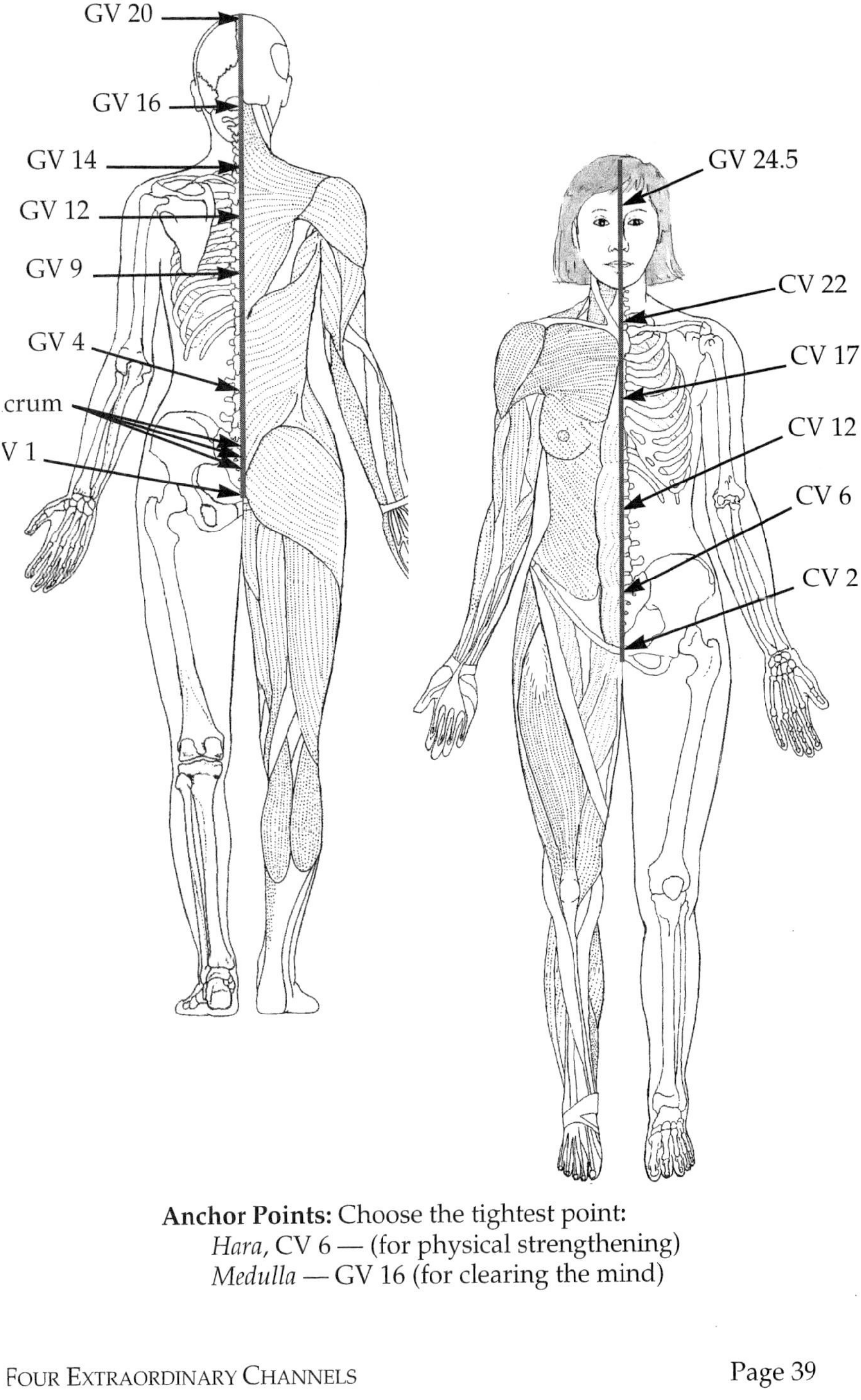

Anchor Points: Choose the tightest point:
Hara, CV 6 — (for physical strengthening)
Medulla — GV 16 (for clearing the mind)

Penetrating Channel

Chong Mai

The Penetrating Channel is known as the "ocean" or "sea" of the twelve channels and organs or the "sea of blood." It begins at Stomach 30 (at the level of the pubic bone, two finger widths from the midline), and comes up the front of the body along Kidney Meridian passes the navel on either side, and then travels up into the chest where it disperses into internal branches. A second branch travels from the pubic bone, down the medial surface of the leg through the medial malleolus, and then disperses into the heel. The third branch begins in the pelvic cavity and runs up the spine. This meridian helps to regulate and store body energy, both pre- and post-natal, and is associated with the uterus and menstrual functions.

Master Point: Sp 4

Anchor Points: Choose the tightest

- St 30 (corner of pubic bone),
- CV 6 (Hara)
- K 11 (inside St 30 on pubic bone)

Quick Release Points:

- Hold same side Sp 4 (foot arch) with opposite side P 6 (inner wrist)
- Hold same side GB 41 (on top of foot) with opposite side TW 5 (outer wrist)

Benefits:

- Regulates and stores chi
- Regulates menstruation
- Helps sexual organs

Indications for Use:

- Abdominal problems such as spasms, contractions and weakness
- Sexual dysfunction such as impotence, seminal emission
- Female disorders such as urethritis, menstrual irregularities
- Psychic balancing

Belt Channel

Dai Mai

The Belt Channel is the only channel that runs horizontally around the body. Because of this it comes into contact with all the other extraordinary flows and all the meridians, regulating and controlling the upward and downward flow of chi in the body. It is also important to the abdominal center and functions.

Master Point: GB 41

Anchor Points: Choose the tightest
- GV 4
- CV 6

Quick Release Points:
- Hold same side Sp4 (foot arch) with opposite side P 6 (inner wrist)
- Hold same side GB 41 (on top of foot) with opposite side TW 5 (outer wrist)

Benefits:
- Regulates the internal organs, blood and menstruation
- Connects all the channels that travel through the abdomen
- Influences sexual energy and the reproductive system
- Opens up energy blocks between the upper and lower body (big hips and legs/small chest; big chest/small hips and legs)

Indications for Use:

Lower Body:
- Weakness or pain in loins or lumbar region
- Pain in lower extremities
- Uterine prolapse
- Vaginal discharge
- Abdominal distension and fullness
- Ovary disorder — opposite sides

Upper Body:
- Weakness of shoulders and upper extremities
- Weakness or pains of eye — opposite sides
- Pain in breast — opposite sides

Belt and Penetrating Channels

Main Release Pattern:

1. UH - B 48 (same side)
2. LH - St 30 (side of pubic bone) (same side)
3. LH - Sp 10 (same side)
4. LH - Sp 4 (same side)
5. LH - GB 41 (same side)
6. LH - GB 34 (same side)
7. LH - GB 31 (same side)
8. LH - GB 29 (same side)

9. UH - B 47 (same side)
10. LH - K 11 (top of pubic bone) (same side)
11. LH - K 16 (side of navel) (same side)
12. LH - K 21-26 (beside sternum, between ribs) (same side)
13. LH - K 27 (both sides)
14. LH - GV 26 (between the upper lip and the nose)

Final Balancing with:
Palm under GV 4
Palm over CV 6

Alternative Pattern: work all points bi-laterally.

Client in a supine position (on the back)
1. B 47: Up-lift the lower back muscles giving support.
2. Sp 13: Gradually palm the groin.
3. CV 6: Shiatsu style with the palm of the hand.
4. GB 29: Use a flat fist to press the outer hip area.
5. Bend the client's legs, bringing the knees toward the chest slowly and firmly press St 36.
6. Shiatsu from St 36 down the leg to the top of the feet GB 41.

Final Balancing: Hold the toes with the Hara (CV 6).

Belt Channel

Direction of the Flow
moves through the waist from left to right around the front and from right to left in the back of the body.

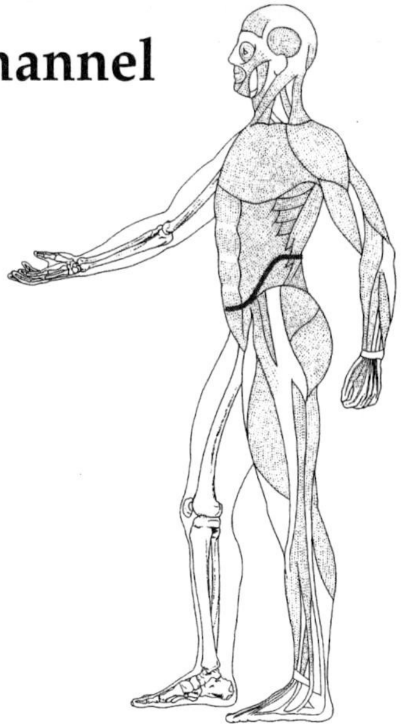

Penetrating Channel

Direction of Flow: Up the back and down the front

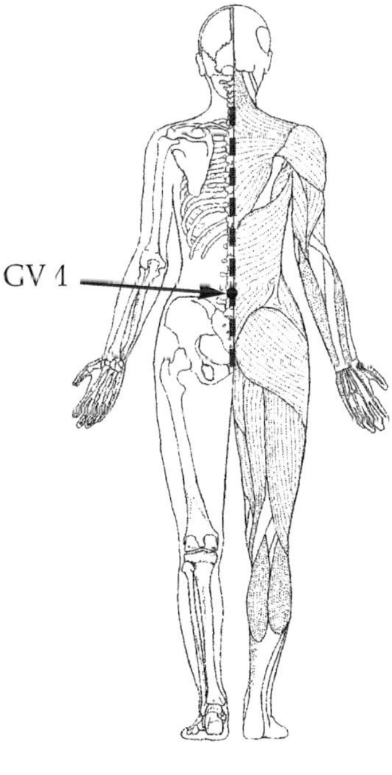

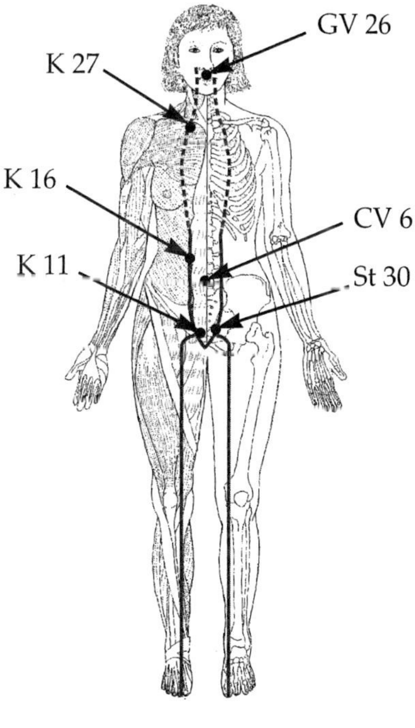

Special Acupressure Points

Master Points for Extraordinary Channels

These points are the main points on each extraordinary channel that open and balance the chi energy in that vessel. Combined with the coupled points for each channel, they can be used as a quick release pattern.

- TW 5: *Outer Gate* — For Regulator Channel
- P 6: *Inner Gate* — For Regulator Channel
- K 6: *Joyful Sleep* — For Bridge Channel
- B 62: *Calm Sleep* — For Bridge Channel
- GB 41: *Above Tears* — For Belt Channel
- Sp 4: *Grandparent/Grandchild* — For Penetrating Channel
- SI 3: *Back Stream*—For Governing Vessel
- Lu 7: *Narrow Defile*—For Conception Vessel

Energy Gates

These points open energy blocks

- GV 4: *The Gate of Life*
- LI 4: *Hoku — Joining the Valleys*: Opens descending (yang) meridians (Forbidden on pregnant women)
- Lv 3: *Great Rush* — Opens the ascending (yin) meridians
- Tw 5: *Outer Gate* — Protection and resistance to colds
- P 6: *Inner Gate* — Internal nourishment

Tonic Points

These points revitalize the whole system

- CV 6: Hara — *The Sea of Energy*
- ST 36: *Three Miles*
- B 23: *Kidney Correspondences* (inside B 47)
- LI 11: *Crooked Pond*
- K 27: *Elegant Mansion*
- B 47: *Sea of Vitality*

Calming Points

These points calm the body

- CV 17: *Sea of Tranquility*
- B 10: *Heavenly Pillar*
- GV 20: *Hundred Meeting Point*
  (All yin and yang meridians meet here)

Face Reading

The face reveals many aspects of one's inner constitution, with the eye area being one of the most informative. The eyes themselves have

been called the "Windows of the Soul" and their degree of clarity reflects the general state of a person.

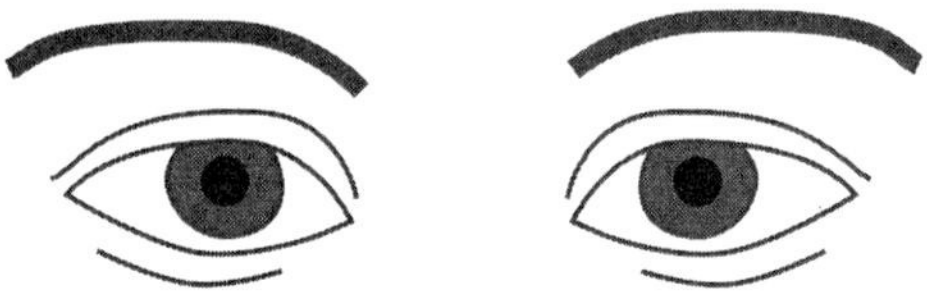

The placement of the iris (the colored portion) in relation to the whites indicates the over all balance of a person. When the eyes are centered, as shown above, it reflects a balanced condition.

If the eyes show more white below the iris, as shown above, the condition of the body is very yin. This yin sanpaku condition may indicate

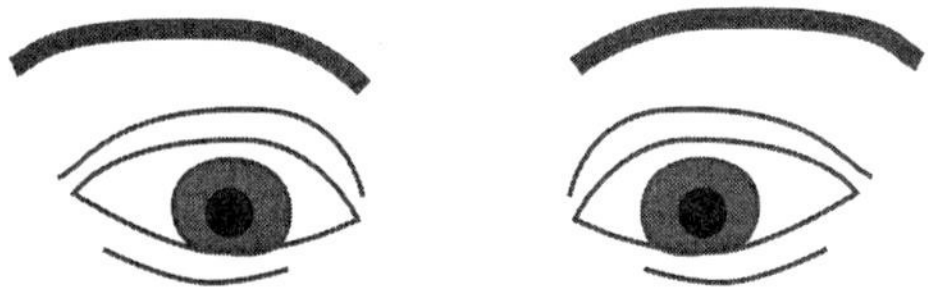

vulnerability, a state of overwhelm or ungroundedness. This also can manifest as depression, melancholy or being accident prone. This condition may show up temporarily when a person becomes exhausted.

The yang sanpaku condition, shown above, is seen when there is an excess of white showing above the iris. This may indicate extreme fear, irritability, rage or even pent up violence. This condition may also occur temporarily when a person is excited or is expressing enthusiasm.

The condition of the skin and muscles around the eye reflect the level of stored energy in the body. If the area is swollen, dark or lined, as shown below, there may be low energy reserves and physical depletion.

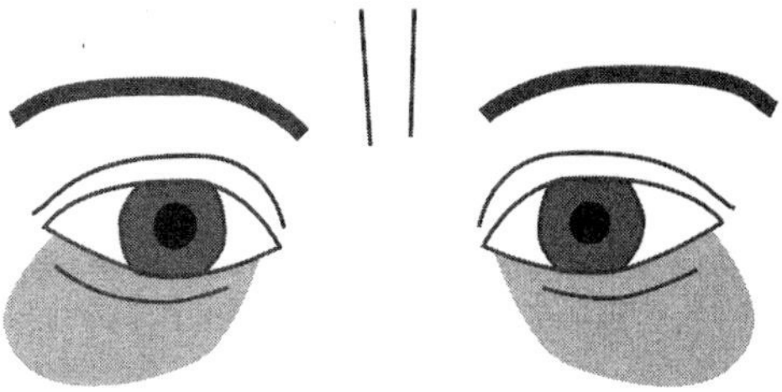

For this condition, a generalized building program consisting of rest, diet and Hara breathing with acupressure on the Hara as well as the lower back would improve the condition.

The mouth and jaws also show the general yin-yang balance of the body. If the teeth are clenched or the lips are drawn, with the jaw muscles knotted and tense, this shows a predominance of yang. This may also effect the digestive system and the elimination systems. There may also be mental rigidity. A slack jaw and flaccid lips indicates too much yin. This can effect the elimination system due to flaccidity of the colon and deficiency of peristaltic activity.

The shape of the face and head shows our inherited yin-yang condition based on the genetics of our ancestors.

Yang Facial Shapes

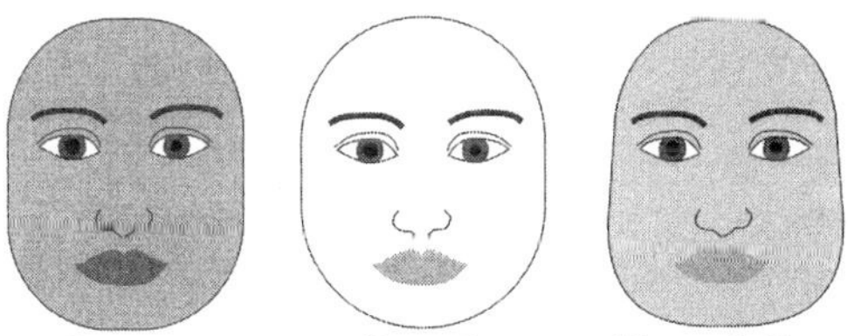

Square   Round   Heavy in Jaw

Yin Facial Shapes

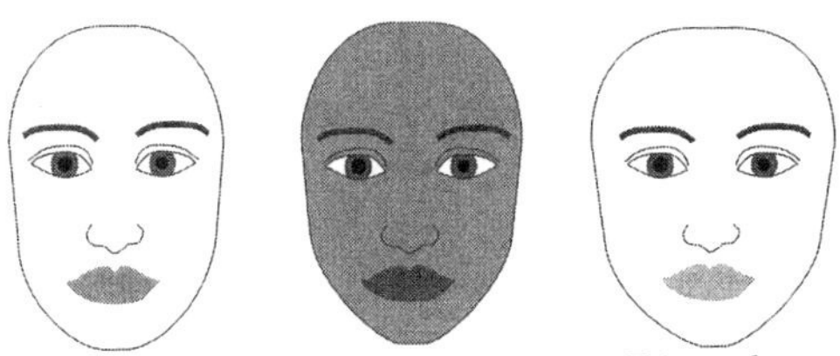

Long and Thin   Narrow Jaw   Triangular

Dietary Balance

When practicing acupressure, it is important to know how to help your clients achieve dietary balance. Food is the first medicine used in traditional Chinese health care. The body develops into what it consumes. As food is assimilated, it becomes part of the body. If you eat too much yin food, your personality will be more receptive, relaxed or passive. The inside of your organs will also become more relaxed. When eating extreme amounts of yin foods, the organs can get mushy or weak.

Yang foods, on the other hand, will have a binding effect. By eating more yang food, you will become more focused, directed and structured in your life. Internally, your organs will become harder. If you eat an excessive amount of yang food, your body might develop stones such as gall stones or kidney stones, or perhaps after some time will change shape, becoming chunkier and more dense. For good health, balance the mixture of yin and yang foods with the seasons and your desired lifestyle.

Using Foods to Balance Your Body

Yang Foods

Warm, dry, thicken the blood, warming, sustaining. Too much Yang food can harden organs and make stones.

Very Yang:	**Mild Yang:**
Salt	Dry beans
Fowl	Eggs
Fish	Seaweeds
Meat	Root vegetables
Buckwheat	

Yang Preparation:

Deep fry	Lightly sauté
Tempura	Bake
Sauté	

Yin Foods

Cold, moist, cleansing, purging, dilutes the blood. In excess, Yin foods make the organs soft and bloated.

Mild Yin:	**Very Yin:**
Tofu	Tropical fruit
Local fruits	Citrus
Nuts	Sugar
Vegies/Sprouts	Alcohol
Dairy	Chemicals

Yin Preparation:

Steam	Boil (not overly)
Raw	Juice
Pressure cook	

Remember to Eat Seasonally

Summer

Eat cool yin foods on hot days — fruits and leafy green vegetables

Winter

On cold days eat more yang foods to stay warm — grains, beans, root vegetables, much less fruit.

Preparation For Sessions

An acupressure session can be enhanced by (1) creating a healing envi ronment and (2) centering yourself before the session. Since one of the main goals of the acupressure session is to relieve tension, the environment you set up can greatly effect the success of the session. If your room set-up looks professional, as well as feels comfortable and inviting, the stage is set for a healing experience. Consider the following parameters for creating a healing environment:

Room Temperature

A comfortable room temperature in relationship to the seasons should be maintained throughout your session. Clients often relax so deeply that their body temperature decreases. When a client deeply relaxes, the heart rate may tend to slow down, effecting circulation. Unless you live in a warm, tropical environment, having an electrical heater and cozy blankets can keep your clients warm especially when the client's body temperature drops.

Lighting

Mild, indirect lighting is recommended for acupressure sessions. Make sure that the light source does not shine in your client's eyes. A dimmer or three-way switch can be helpful for adjusting the light in the room. Before the acupressure session begins, you may want to reduce the light in the room.

Healing Music

Abrupt sounds such as a ringing telephone or street noises can disrupt your client's healing experience. Playing soothing, healing music can enhance an acupressure session. Feel free to ask your client what type of music he or she prefers.

Pads, Tables and Chairs

Acupressurists use different surfaces to work on, depending upon which style of acupressure is used. Shiatsu, for instance, requires a firm surface and is traditionally practiced on the floor enabling the practitioner to lean his/her body weight into the acupressure points, maximizing the pressure without straining. Some shiatsu practitioners prefer working on a low massage table with a face hole. When the client is lying face down, the face hole prevents neck strain in this position.

Jin Shin acupressure uses a softer surface and is easier to practice on a massage table, sitting in a chair. A thick piece of foam is placed on top of the massage table, covered by a cotton sheet. Adjust the table height so that it is comfortable to hold points while sitting in a chair.

Jin Shin practitioners find it helpful to have an adjustable office chair without arm rests, equipped with rollers. A rolling chair will enable you to adjust your body position from point to point without having to get up each time.

Clothing:

Suggest that your client wear comfortable clothing that contains over 50% of natural fibers such as cotton.

Scheduling a Session

The following is a check list for scheduling an acupressure session:

1. Ask the client **what is wanted** from the session. This will enable you to know how to focus the session and what your client's expectations are.

2. Ask if your client **prefers deep or mild pressure**, determining what acupressure techniques or style to use.

3. Inform your client how long the session takes, encouraging the client to **plan enough time to deeply relax afterward**. Suggest scheduling the session when the client has the extra time to take for this vital deep relaxation.

4. Inform your client about **eating lightly**, two or three hours before receiving acupressure. When the stomach is full, it is difficult for energy to flow through it. Therefore, advise your client not to eat at least an hour before the acupressure session.

Fees:

Be sure to inform your client how much you charge, avoiding any surprises at the end of your session.

Suggestions for Greeting Your Client

1. **A Warm Welcome:** Ask how your client is feeling and assure them how wonderfully relaxing this session will be.

2. **The Intake and Disclaimer:** You may choose to have your client fill out a standard intake sheet with a medical disclaimer containing the following:
"I understand that this acupressure session does not offer medical treatment or diagnosis for any disease. Since acupressure is not a replacement for acupuncture, physical therapy, chiropractic or medical care, you are encouraged to immediately see a licensed medical doctor if you have a medical condition."

3. **Have your client remove** shoes, belts, jackets, jewelry, watches, eye glasses as well as contact lenses. It's important to make the client as comfortable as possible.

4. **Ask your client** to close their eyes, breathing slowly and deeply throughout the session. Also ask your client to give you feedback about how the points feel when pressed, whether they are sore, tender or tense, whether your client wants more or less pressure. Encourage your client to keep the eyes closed, even while giving you this feedback. This helps the client remain inwardly focused.

Balancing Yourself During the Session

How you treat yourself during an acupressure session not only affects the flow of energy and the success of the session with your client, but also affects the well-being of the practitioner. When students **do not** use acupressure guidelines, the following reactions can occur following the session:

- Headache
- Naucea
- A spacey feeling and/or fatigue
- Absorbing a client's energy

The following guidelines will shield, clear, and strengthen your energy field:

1. Practice long, slow deep breathing throughout the acupressure session.

2. Ground yourself by feeling different parts of your body. Constantly pay attention to your own body. If you feel tension somewhere, do something about it: stretching, repositioning and deep breathing.

3. If you are visual, imagine a grounding cord growing down from your tailbone into the center of the earth. Many students find it effective to visualize a field of white or golden light surrounding their entire body. (See page 5 for a detailed visualization.)

4. Physically ground yourself by paying attention to your feet, wiggling them and feeling all of the bones of your feet move.

5. As you breathe, imagine energy flowing into your body and out through your fingertips into your partner's body.

To Balance Yourself After the Session

1. Wash your arms and hands with cold water. Roll up your sleeves, letting the cold water flow down from above your elbow into your hands and fingertips. Repeat once more on both arms. Briskly towel dry your arms and hands vigorously, increasing your circulation.

2. Slowly drink a half cup of spring water. If it is cold outside, this drink can be hot tea.

3. After the session, gently stretch the backs of your legs, spine, and arms. Spend at least five minutes stretching your body and practicing some deep breathing exercises. After an acupressure session, concentrating intently on healing another human being, it is essential to spend at least 10 minutes stretching and breathing into your own body, paying attention to your own healing.

4. Some practitioners burn a small amount of sage after a session to change the space for the next client.

After the Session:

1. Emphasize Self-Help

- Be specific: Give your clients one or two points or Acu-Yoga breathing exercises to practice every day.
- Follow-Up: Make a note of what you suggested and follow-up next week by asking about their practice and progress.

2. Reflections - Give Your Clients Information About Themselves:

- Areas of their bodies which you found to be tense, sore, cold, hot
- Breathing patterns (shallow, blocked in chest)
- The circulation (cold hands or feet)
- The quality of their muscle tone
- How they responded to the release (which areas released, changes in the depth of relaxation)

NOTE: Most people appreciate feed-back about themselves. Do this over a period of time so that your client won't be over-whelmed.

3. To Establish an On-Going Relationship

- Communicate what you personally like about working on this person. Be specific.
- Include the statement: "I would like to work with you" (this makes a client feel chosen).
- Talk about a plan, mentioning specific areas - "In the weeks to come, I would like to work on your:

* Shoulder and neck tensions
* Shoulder blades
* Back stiffness
* Feet and hands
* Lower back
* Pelvic area
* Intercostal spaces
* Skull and jaw

Specific Acupressure Flows

Calming Flow

1. UH - GB 20 (opposite side) under base of skull
2. LH - GB 14 (same side) lightly on forehead
3. LH - St 3 (same side) under cheekbone
4. LH - St 13 (same side) under the middle of collarbone

5. UH - GB 21 (same side) top of shoulder
6. LH - Sp 16 (opposite side) base of ribs
7. LH - Sp 13 (opposite side) in the groin
8. LH - GB 31 (same side) outer thigh
9. LH - GB 34 (same side) below outside of knee
10. LH - GB 41 (same side) top of foot (between 4th & 5th metatarsals)

11. UH - B 38 (same side) bet. shoulder blades & spine
12. LH - Lu 1 (same side) outer chest
13. LH - Lu 1 (opposite side) outer chest
14. LH - St 13 (opp. side) under the middle of collarbone

15. UH - SI 11 (same side) center shoulder blade
16. LH - LI 14 (same side) outer, upper arm in Deltoid "V"
17. LH - TW 5 (same side) outer gate, above wrist
18. LH - P 6 (same side) inner gate, above wrist

19. UH - GV 20 top of head in an indentation
20. LH - CV 17 center of the breast bone
21. LH CV 6 lower abdomen (hara)

Indications for Use: Mental, emotional, physical-calming; anxiety, mental clarity, and headaches.

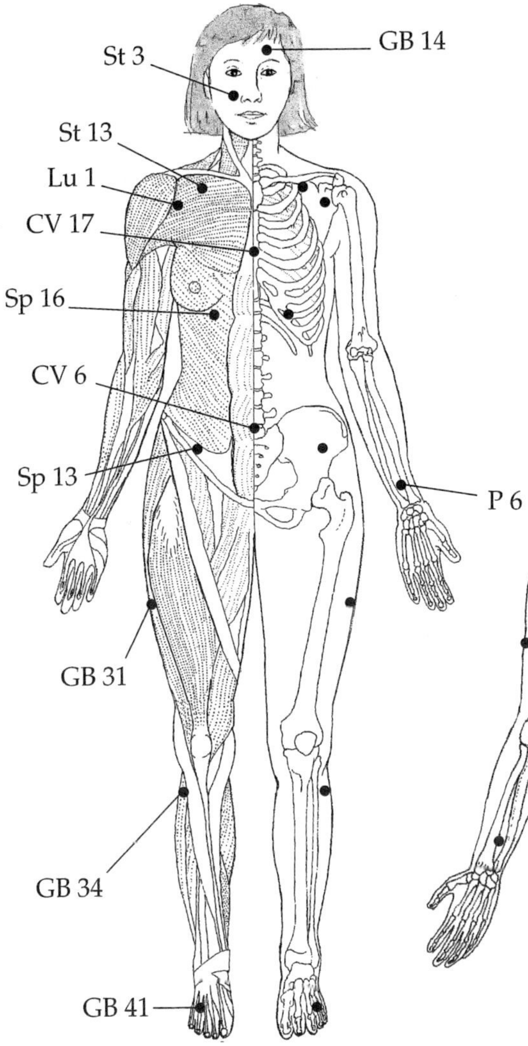

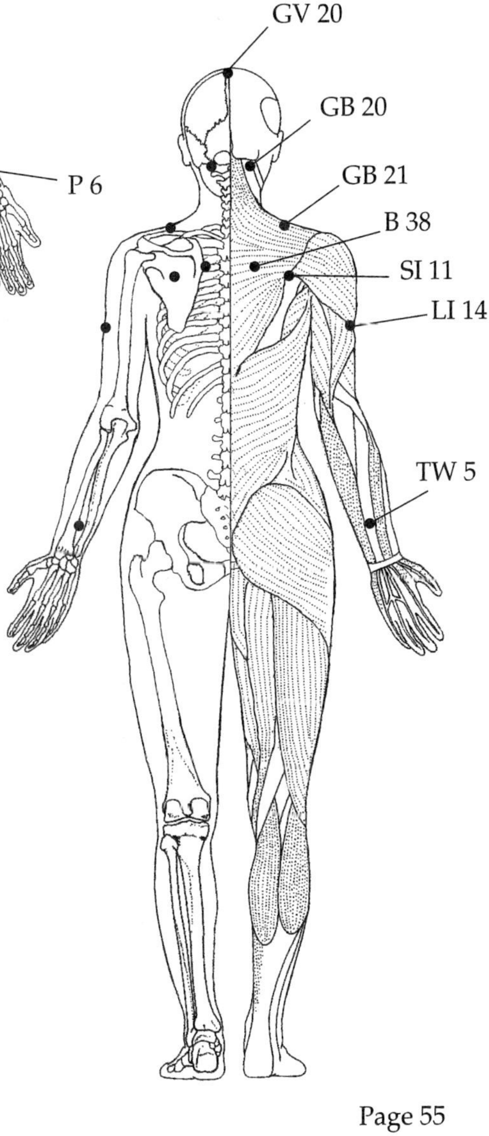

NOTE:
The shoulder and neck release with final balancing has also proven to be effective for calming and mind clearing.

Increasing Vitality Flow

Start with the recipient in an sitting position (for 5 minutes)

1. Slowly knead the shoulders (covering both GB 21)
2. Neck press (covering both B 10)
3. Base of skull (covering both GB 20)

The recipient lies down on his or her back

1. UH - GB 20 (same side) under the base of the skull
2. LH - LI 11 (same side) outer elbow joint
3. LH - LI 4 (same side) between thumb & index finger

4. UH - B 47 (same side) lower back, waist level
5. LH - Sp 16 (same side) base of the ribs
6. LH - Sp 13 (same side) in the groin
7. LH - Sp 9 (same side) below the inner knee
8. LH - Lv 3 (same side) top of foot between 2nd & large toe

9. UH - B 38 (same side) between the scapula & spine
10. LH - K 27 (same side) below head of collarbone
11. LH - Lu 1 (same side) outside of the chest

Balancing the body clock

12. UH - LI 4 (opposite side) between thumb & index
13. LH - Lv 3 (same side) top of foot beween 2nd & large toe
14. UH - LI 4 (same side) webbing between thumb & index
15. LH - Lv 3 (opp. side) top of foot between 2nd & large toe
16. Both - St 36 below the outside of knee

Indications for Use: Headaches, eye or sinus problems, jet lag, digestive disorders, fatigue, insomnia, hypertension, breathing problems, and allergy problems.

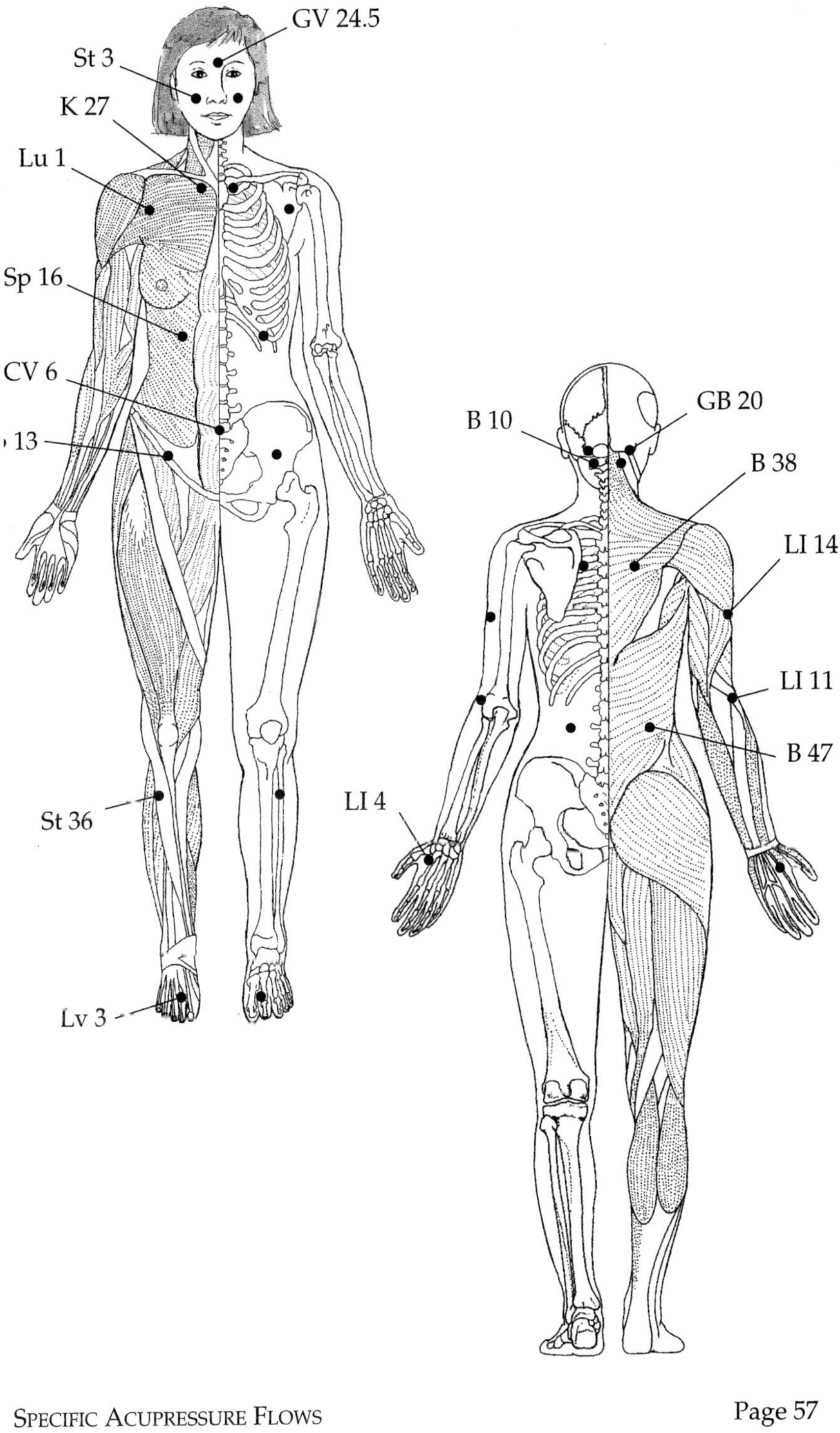
GV 24.5
St 3
K 27
Lu 1
Sp 16
CV 6
13
St 36
Lv 3
B 10
GB 20
B 38
LI 14
LI 11
B 47
LI 4

Immune Strengthening Flow

1. -UH - B 38	(same side) between the scapula and spine
2.- LH - St 13	(opposite side) under the middle of collar-bone
3.- LH - St 16	(opposite side) above the breast
4.- LH - Sp 16	(opposite side) base of the ribs
5.- LH - Sp 13	(opposite side) in the groin
6.- UH - B 10	(opposite side) up to hairline on neck
7.- LH - GB 14	(same side) on the forehead
8.- LH - St 13	(same side) under the middle of collarbone
9.- LH - St 16	(same side) at the base of the breast
10.- UH - GB 21	(opposite side) top of shoulder
11.- LH - Lu 1	(same side) outer chest
12.- LH - Lu 7	(same side) above the wrist crease
13.- LH - Lu 11	(same side) tip of thumb
14.- LH - St 13	(opposite side) under the middle of collar-bone
15.- LH - Lu 1	(opposite side) outer chest point

Indications for Use: Breathing problems, asthma, respiratory conditions; colds, flus, and immune disorders.

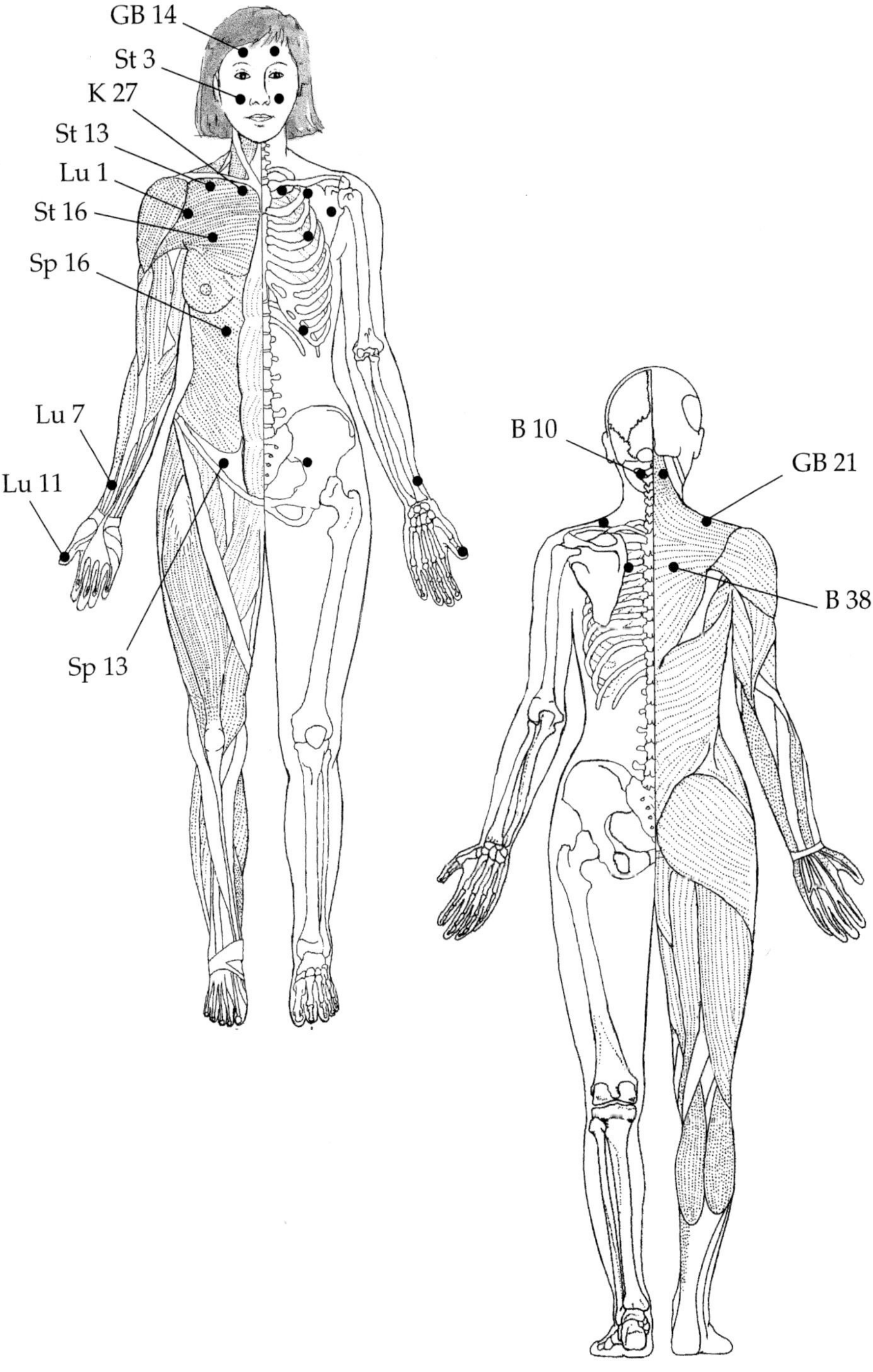
GB 14
St 3
K 27
St 13
Lu 1
St 16
Sp 16
Lu 7
Lu 11
Sp 13
B 10
GB 21
B 38

Woman's Balance Flow

1. UH - LI 11 (same side) elbow joint/clears heat
2. LH - Sp 16 (opposite side) base of the ribs
   digestive disorders, stomachache

3. UH - B 48 (same side) beside the base of spine
   releases pelvis
4. LH - Sp 13 (same side) in the groin/bloating, cramps
5. LH - Sp 10 (same side) above inner knee
   cravings, blood flow
6. LH - Sp 9 (same side) below inner knee/edema
7. LH - Sp 6 (same side) above inner ankle
   balances the yin meridians
8. LH - Sp 4 (same side) arch of the foot/cramps

9. UH - GB 29 (same side) outer groin near hip
   hips, lower back
10. LH - GB 41 (same side) top of the foot,
    between 4th & 5th bones/headaches
11. LH - GB 34 (same side) below outside knee
    muscle tension reliever
12. LH - GB 31 (same side) outer thigh/sciatica

13. UH - B 47 (same side) lower back, waist level
    vitality, lower back ache
14. LH - K 6 (opposite side) inner ankle/fatigue
15. LH - Sp 10 (opposite side) inner thigh/balances blood
16. UH - P 6 (same side) above inner wrist
    balances emotions

17. LH - CV 6 lower abdomen (hara)/releases abdomen
18. UH - CV 12 pit of the stomach/digestive discomfort
19. UH - GV 26 above upper lip/appetite balance
20. UH - GV 24.5 Third Eye/overall energy balance

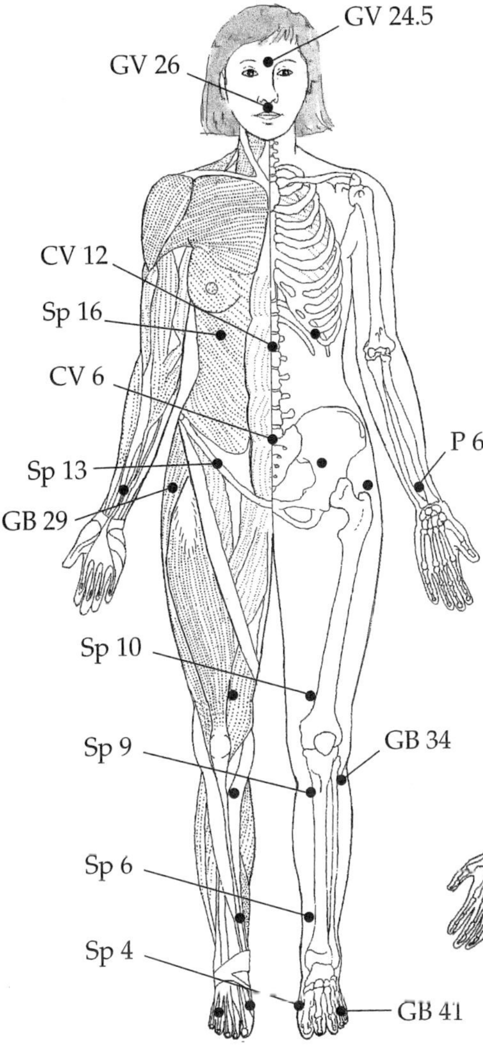

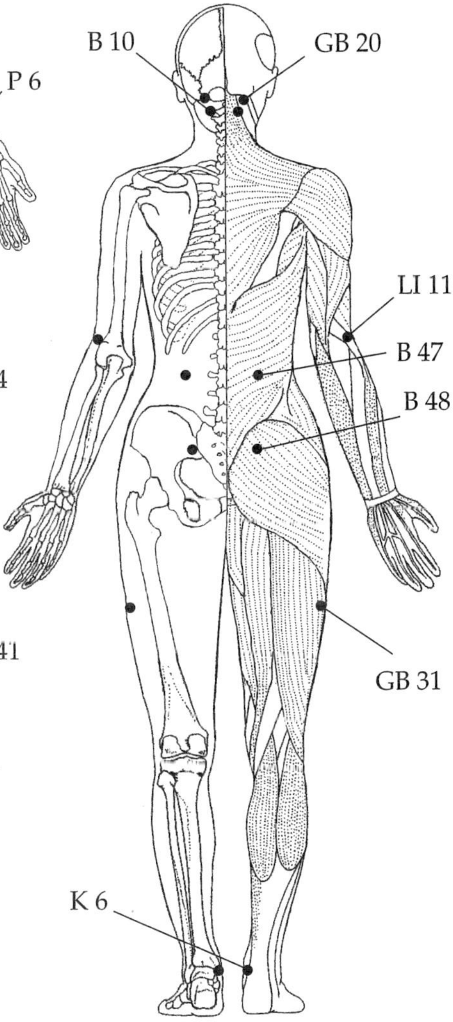

Indications for Use:
Regulates the menstrual cycle, blood flow, appetite, and the hormones.

Lower Back Release

The recipient lies down comfortably on his or her back

1. UH - B 10 (opposite side) up to hairline on neck
2. LH - K 27 (same side) below head of collarbone
3. LH - CV 6 (center) lower abdomen (hara)
4. LH - GB 29 (opposite side) outer groin near hip

5. UH - B 47 (both sides) lower back, waist level
6. LH - B 48 (same side) base of the spine
7. LH - B 54 (same side) behind the knee
8. LH - B 57 (same side) base of calf muscle
9. LH - B 60 (same side) outer ankle
10. LH - B 67 (same side) outer tip of little toe

Indications for Use:

Back pain, stress, and fatigue.
Improves the circulation and strengthens
the immune and uroreproductive systems.

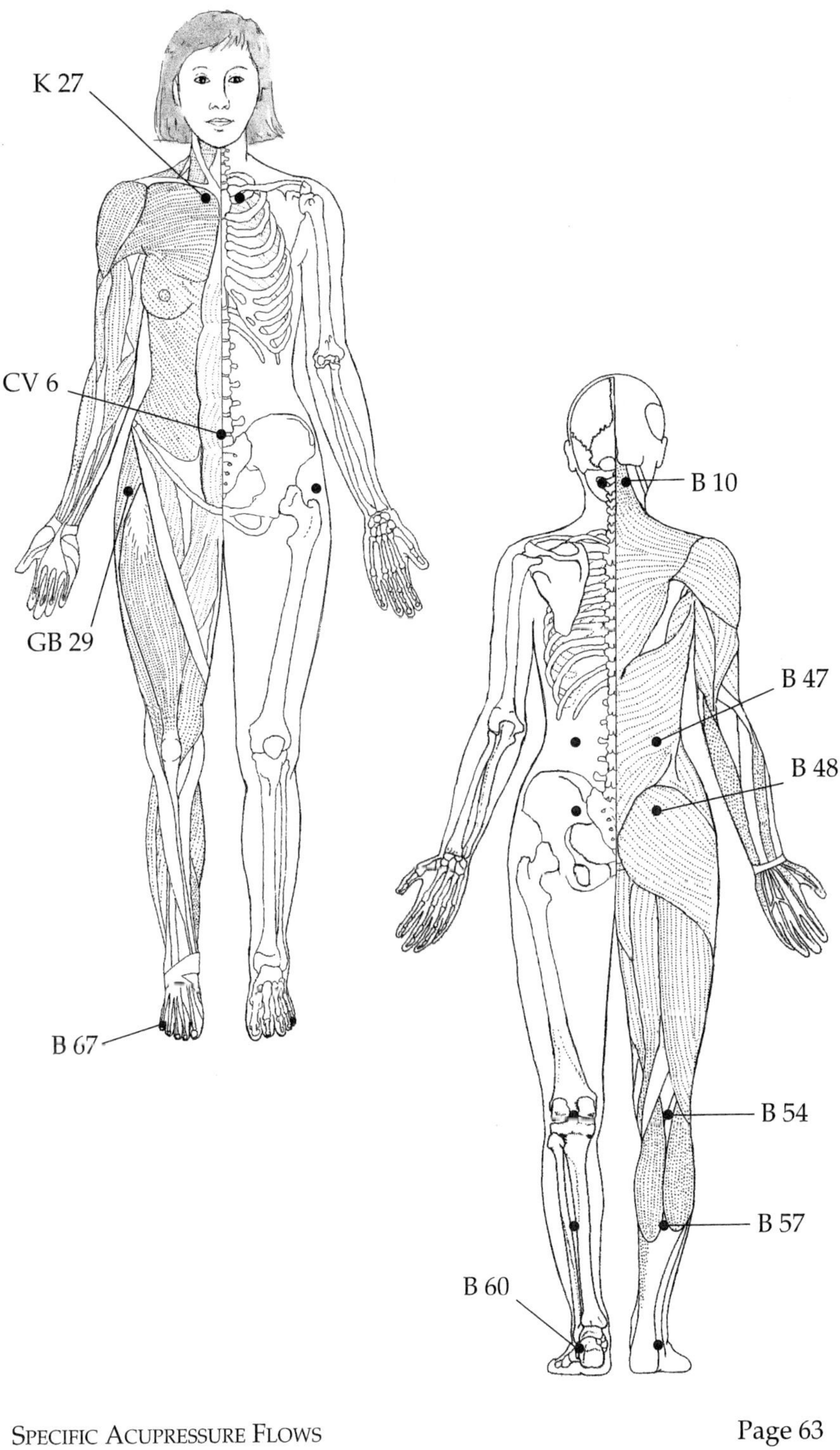
K 27
CV 6
GB 29
B 67
B 10
B 47
B 48
B 54
B 57
B 60

Expanded Shoulder and Neck Release

This acupressure formula is designed to release the shoulders and neck completely.

1. Start with the two points that act as double gates for releasing the shoulder area: SI 10 on the *shoulder seam*, and SI 11, the *scapula point*, in the center of the shoulder blade. Once you get pulses at these points, releasing the tension in the shoulder will come easily. Often the scapulae point will be very sensitive to begin with, but it eases up in a minute or two.

2. Place one thumb on the top of the shoulder (GB 21), using your other hand to hold the opposite side in between the vertebra (4th thoracic) and the shoulder blade in the upper back. With your right thumb, hold GB 21 on the top of the shoulder; with your left hand, hold mid-way between the shoulder blade and the spine, half way down the length of the scapula. Feel for a knot and hold it with steady firm pressure.

The strategy is to actively work on the knots between the shoulder blades while subtly melting the tension on the top of the shoulders. Divert the recipient's attention; put more movement and emphasis between the shoulder blades while you gradually release the shoulder tension in the trapezius muscle.

Releasing shoulder tension is like working on a large block of ice; it is not going to melt faster if you press harder. Your thumbs will take the burden of the stress, but the ice is going to resist your pressure. Instead, just hold it and release it with your warmth, healing energy, patience and perseverance. As that shoulder tension releases, concentrate on gradually going into the next depth. Always come off the point slowly, inviting the point to pulsate by holding lightly at the end. When you come off the points slowly, it enables the point to continue to release, even after you've moved to another point

Continue to hold the top of the shoulder (GB 21), and move your other hand up higher to the next knot on the upper back or shoulder (TW 15).

When the shoulder tension melts, repeat these points on the other side.

3. Place your fingers under the neck, lifting the neck muscles on the right side, with the back of your right hand on the ground. Use your left middle finger to lightly touch GB 14 on the left side of the forehead.

After a minute, move from the forehead to St 3 "Facial Beauty" below the cheek bone. Continue to hold the neck firmly while your hand moves from the cheek to St 13 on the chest muscle, below the center of the collar bone.

Repeat the same steps to release the other side. Hold the neck on the left side as you lightly touch GB 14 (on the forehead), and K 27 (below the collarbone) on the chest.

4. Give slow, firm traction to the neck by gently pulling the head out, with your fingers curved. Gradually apply pressure in the indentations underneath the base of the skull (GB 20). This traction stretches the neck muscles, elongates the cervical vertebrae, and increases the flow of cerebrospinal fluid.
5. Final balancing steps: While your right hand lightly holds the top of the head, the left hand holds:

   GV 16 — the center hollow at the base of the skull
   GV 24.5 — the third eye point between the eyebrows
   CV 17 — the center of the breastbone (sternum) in the hollow of the bone called the "Sea of Tranquility "

From the top of the head, place your right hand where your left hand was, onto the heart center (CV 17). Finish by firmly grasping hold of all the toes with your left hand. Close your eyes, visualizing the circulation going through you. When the toes and the heart center are pulsating simultaneously (synchronized), the treatment is finished.

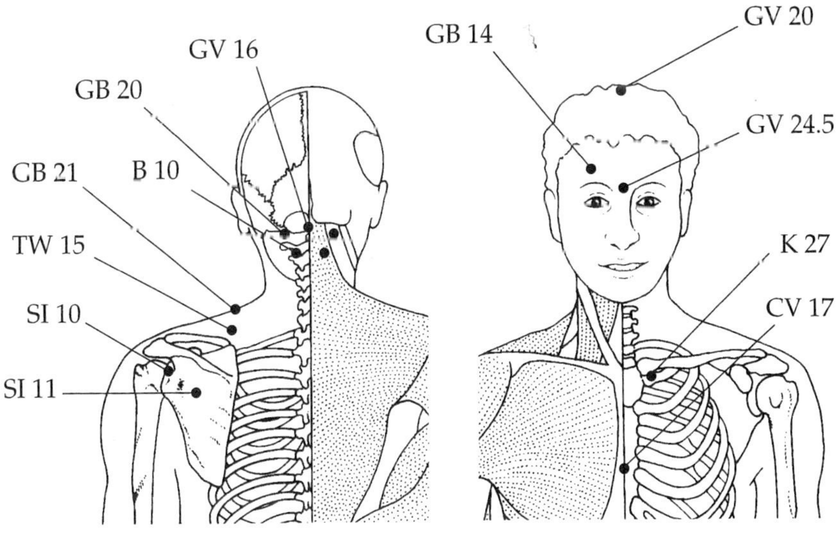

Acupressure Health Care: A Summary

Daily Exercise

Stretching and aerobic exercise are the two most important types of exercise to practice daily for health maintenance. Gentle stretching (five minutes, twice a day) keeps your muscles and joints loose. Aerobic exercise (twenty to thirty minutes a day) — swimming, bicycling, running, or brisk walking — develops muscle tone, stimulates deep breathing and sweating, and increases blood circulation.

Exercise naturally regulates and balances your whole system. When you don't exercise, your metabolism can become sluggish and the tendency to get depressed or to overeat increases. When you exercise regularly, though, you tend to develop a healthy appetite, a positive frame of mind, and an overall increase in vitality.

Diet

Diet also plays an important role in health maintenance and resistance to illness. When we eat processed, preserved, or devitalized foods, we weaken our system. However, there are foods that strengthen the body and build resistance, reinforcing the body's ability to protect itself. The following chart summarizes the best foods to eat, which to eat in moderation, and which to avoid.

Healthy Foods

Vegetables
Whole grains
Seeds (in moderation)
Nuts (in moderation)
Beans (in moderation)
Tofu and miso soup
Fish and seaweed
Fresh fruits

Foods to Avoid

Processed foods with sugar
White flour products
Salt (eat less)
Fried foods (eat less)
Dairy products (eat less)
Red meat
Chemical additives
Coffee, including decaffeinated (drink less)

The choices we make in our lives, how we think, use our bodies, eat, sleep, exercise, and set our priorities, affect our health and wellness. The more conscious we are of giving our bodies what they require, the more we take responsibility for our well-being.

Preventing illness is just as important as healing illness, and yet many people don't become concerned with their health until they get sick. An acupressure approach to health maintenance combines daily self-acupressure with choices for a healthy lifestyle, including good nutrition, exercise, positive thinking, relaxation, and deep breathing.

The acupressure points illustrated in this booklet not only relieve common ailments, they are also effective for preventing them. By stimulating these points daily, you can improve your overall condition and also increase your vitality.

Deep breathing exercises are the most gentle and effective methods known to incorporate with acupressure. If your breathing is shallow, your body's vital systems are not functioning at their optimal levels. When you breathe deeply, however, the respiratory system can fully oxygenate and rejuvenate the body.

Everyone can be radiantly healthy
by eating wholesome foods, thinking positively,
practicing stretching and deep breathing exercises,
and getting daily aerobic exercise.

Use acupressure whenever you have a free hand
and you will enjoy greater aliveness,
vitality, and well-being.

NOTES

NOTES

NOTES

NOTES

NOTES